조사의 기술

조사의 기술

발행일　　2019년 5월 31일

지은이　　임윤수
펴낸이　　손형국
펴낸곳　　(주)북랩
편집인　　선일영　　　　　　　　　　　　　　　편집　오경진, 강대건, 최예은, 최승헌, 김경무
디자인　　이현수, 김민하, 한수희, 김윤주, 허지혜　제작　박기성, 황동현, 구성우, 장홍석
마케팅　　김회란, 박진관, 조하라
출판등록　2004. 12. 1(제2012-000051호)
주소　　　서울시 금천구 가산디지털 1로 168, 우림라이온스밸리 B동 B113, 114호
홈페이지　www.book.co.kr
전화번호　(02)2026-5777　　　　　　　　　　　팩스　(02)2026-5747

ISBN　　　979-11-6299-707-9 03320 (종이책)　　979-11-6299-708-6 05320 (전자책)

이 도서의 국립중앙도서관 출판예정도서목록(CIP)은 서지정보유통지원시스템 홈페이지(http://seoji.nl.go.kr)와
국가자료공동목록시스템(http://www.nl.go.kr/kolisnet)에서 이용하실 수 있습니다.
(CIP제어번호: CIP2019020694)

부정행위를 근절하고 100년 기업을 만드는 **내부조사 실전 매뉴얼**

조사의 기술

기업의 사내조사,

그 절차와 방법에 대하여

변호사 임윤수 지음

심문, 증거조사, 사실인정에서 재발방지대책까지

실무 사례와 법원 판례를 통해 살펴본 내부조사의 실체

북랩 **book** Lab

세상일은 한 치 앞을 알 수 없습니다. 각종 매스컴과 SNS 등을 통해 우리는 예상치 못한 수많은 사건, 사고를 접하게 됩니다. 최근에는 사회적으로 널리 알려진 유명 인사들이 이런저런 문제로 물의를 일으키는 경우가 부쩍 늘어나고 있습니다.

이러한 문제는 사회적 약자에 대한 갑질, 불법 향응 및 금품 수수, 횡령, 배임, 직장 내 성희롱 등 그 종류도 실로 다양합니다. 최근에는 한 재벌가 임원의 갑질이 사회적 공분을 일으켜 당사자가 구속되는 것에 그치지 않고 계속된 압수수색과 세무조사로 기업의 정상적인 운영마저 위태롭게 되었던 사례도 있었습니다.

물론 처음부터 이러한 문제가 발생하지 않도록 노력하고 예방하는 것이 최선이겠으나 사정이 그리 여의치만은 않습니다. 아무리 철저히 예방한다고 해도 개인의 일탈을 모두 막을 수는 없기 때문입니다. 따라서 사전 예방 못지않게 아니 그보다 더 중요한 것이 적절한 사후 조치와 대응입니다.

소 잃고 외양간 고친다는 속담이 있습니다. 일이 벌어지고 난 후 후회해봐야 소용없다는 의미로 쓰이는 옛말입니다만 그렇다고 해서 고치는 것을 포기하고 손 놓을 수는 없는 법입니다. 문제가 발생하면 왜 그런 문제가 발생한 것인지, 어떻게 하면 같은 일이 반복되지 않을지 고민하고 대책을 세워 다시는 같은 잘못이 반복되지 않도록 해야 합니다.

임직원의 각종 부정·불법행위 내지 사규위반행위(이하 부정행위라고 하겠습니다.)가 의심되는 경우, 기업이 가장 먼저 취해야 할 조치는 무엇일까요? 그것은 바로 정확한 사실관계, 즉 부정행위의 원인과 경위 등을 밝히는 것입니다. 바로 이러한 사실관계 확인을 위해 필요한 방법론이 바로 이 책의 주제인 내부조사입니다.

내부조사는, 기업 등 다양한 조직이 실시하는 자체 조사로, 그 목적은 부정행위 등 문제 발생의 원인과 경위를 밝혀 적절한 사후 조치를 취하는 것입니다.

내부조사는 압수수색 등 강제수사가 불가능하다는 점에서 수사기관에 의한 수사와 구별되며, 부정기적으로 실시된다는 측면에서 일반적인 회계감사와도 구별되지만 양자의 성격을 모두 갖고 있기도 합니다. 또한 평상시의 준법 감시활동이 건강검진이라면 내부조사는 병의 근원을 제거하고 건강을 회복하게 하는 외과수술로 비유할 수도 있습니다.

이러한 내부조사는 모든 조직에서 시행하고 있는 것이라고 할 수 있으나 이 책은 그중 기업의 부정행위에 대한 내부조사, 즉 사내조사와 그 실무상 쟁점을 대상으로 하고 있습니다. 따라서 이 책에서 내부조사 혹은 조사라고 하면 특별한 언급이 없는 한 기업의 사내조사라는 의미로 생각하시면 되겠습니다.

최근 기업의 사회적 책임, 준법경영이 강조되면서 내부조사는 그 중요성이 점점 강조되고 있습니다. 그러나 내부조사를 제대로 수행하기에는 여러 가지 어려움이 많습니다. 내부조사는 기업의 일반적인 비즈니스 행위와는 성격이 다를 뿐만 아니라 이에 필요한 전문적인 교육이나 경험을 쌓을 기회도 많지 않기 때문입니다.

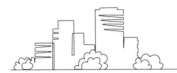

검사, 사법경찰관같이 수사를 전문으로 하는 사람들도 사실인정을 잘못하여 무죄를 받는 경우가 많습니다. 전문 지식이나 경험이 부족한 일반인에게는 더욱 어려울 수밖에 없을 것이라는 점은 당연한 것입니다. 하지만 당연하다고 그냥 넘어가기에는 상당히 심각한 문제이기도 합니다.

잘못된 내부조사로 사실인정을 그르칠 경우 그 여파는 억울한 누명을 쓴 사람뿐만 아니라 기업에도 미치게 됩니다. 오랜 시간 지루한 법정 공방을 거쳐 어렵게 사실관계가 확인되어 사건이 마무리된다고 해도 기업 역시 그간의 법률 비용, 지급해야 할 임금 등 막대한 손실을 입게 되기 때문입니다.

경우에 따라서는 조사 미숙에 기인한 것일 뿐 전혀 의도하지 않은 일이었음에도 고의로 이를 은폐하고 거짓말한 것으로 오해받아 여론의 지탄을 받고 기업의 존립마저 위협받게 될 수도 있습니다.

그러나 조사 경험이나 능력이 부족하다고 해서 사건·사고가 발생할 때마다 매번 수사기관에만 의존할 수도 없습니다. 무턱대고 고소·고발을 했다가는 무고죄로 처벌을 받을 수도 있고 최초 의도와 달리 오히려 기업이 더 큰 위기에 처하게 될 수도 있기 때문입니다. 경솔한 고소·고발로 오히려 기업이 압수수색을 당하고 평판에 타격을 입는 경우는 예상외로 많습니다.

이러한 점들을 고려하여 이미 해외에서는 기업 내부조사 기법 및 절차 등에 관한 많은 연구과 교육이 진행되고 있을 뿐만 아니라 법률전문가로 구성된 다수의 조사 전문 회사가 활동하고 있습니다.

이에 비해 우리는 아직 기업이 스스로 조사하고 이에 대처한다는 개념이 그리 널리 확산되어 있지 않은 것 같습니다. 심지어 내부조사라고 하면 마치 불법 흥신소에서 하는 일처럼 오해하는 경우도 있습니다.

그러나 내부조사는 기업 스스로 부정행위를 밝히고 재발방지 대책을 수립·시행하는 등의 준법 감시활동의 일환이라는 점에서 반드시 필요한 것이며, 앞으로 그 중요성이 점점 커질 수밖에 없는 분야입니다.

불미스러운 일이 발생할 때마다 이를 감추고 숨기기에 급급한 관행에서 벗어나 기업 스스로 부정행위를 척결하고 적극적인 재발 방지 대책을 수립하는 것이야말로 사회정의 구현으로 가는 가장 빠른 지름길이라는 점도 주목할 필요가 있습니다.

이 책은 필자가 검찰, 청와대, 로펌 등을 거치며 겪은 다양한 조사 경험과 그간의 강연, 기고문 등을 정리한 것으로, 그 내용은 첫째, 내부조사의 근거와 필요성, 법적 쟁점 등 일반론, 둘째, 조사팀의 구성, 조사 계획의 수립, 증거보전, 심문, 증거수집 및 현장조사 등 내부조사 방법론 및 주의사항, 셋째, 보고 및 재발방지 대책 수립 등 내부조사의 종결 등 크게 세 부분으로 구성되어 있습니다.

이 책은 내부조사의 개별 분야에 대한 전문적인 연구보다는 실제 실무에서 참고할 수 있는 매뉴얼로 활용되기를 바라는 마음에서 준비한 것입니다. 따라서 좀 더 전문적인 연구 결과를 원하시는 분들께는 다소 아쉬운 부분이 있을 수도 있다고 생각합니다. 이 부분은 관련 분야의 연구 성과를 기대하며 향후 과제로 남겨 두었다는 점 널리 양해해 주시기 바랍니다.

부디 이 책이 아직 내부조사에 대한 인식이 널리 확산되지 않은 국내 현실에서, 실제 현장에서 내부조사 업무를 담당하고 계신 많은 분께 다소나마 도움이 되기를 바랍니다. 아울러 이를 계기로 앞으로 국내에서도 내부조사에 대한 관심이 높아져 더 많은 연구가 이루어지기를 기대합니다.

감사합니다.

목차

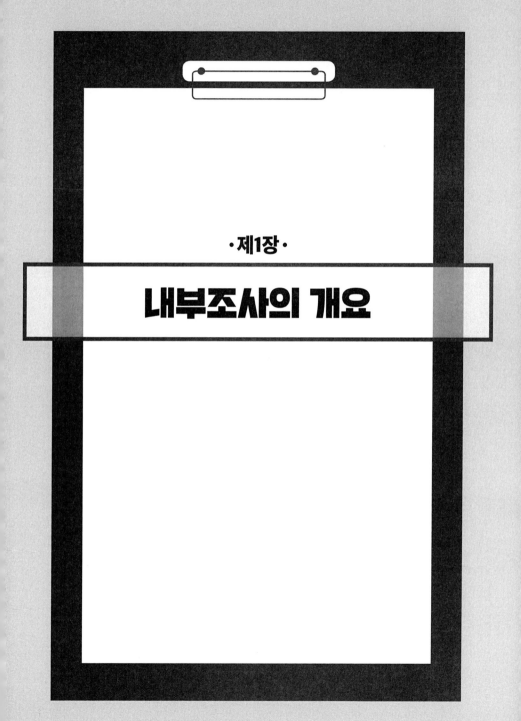

·제1장·

내부조사의 개요

내부조사의 의의와 목적[1]

2007년 10월 30일 모 그룹의 전직 법무팀장 김 모 변호사는 천주교 정의구현 사제단과 함께 그룹의 비자금을 자신이 관리해 왔고 그룹 회장의 지시로 검찰 및 시민단체에 대한 로비를 수행해왔다고 폭로하였습니다. 이 사건은 결국 특검 수사로 이어지는 등 엄청난 사회적 파장을 불러일으켰습니다.

속칭 "땅콩 회항"으로 일컬어진 모 항공사 임원의 갑질 역시 우리 사회를 떠들썩하게 만들었던 사건이었습니다. 이 사건은 객실 승무원의 서비스를 문제 삼아 운항 중인 항공기를 돌려세운 것이 발단이었습니다. 이 일이 있은 직후 임원의 갑질과 회사의 미온적인 대처에 분노한 사무장이 방송사 및 언론매체에 사건의 전모를 공개하여 큰 사회적 파장을 일으켰습니다. 이 사건은 결국 검찰 수사로 이어져 해당 임원은 1심에서 실형을 선고받았고, 항공사 역시 취항 금지 등 각종 제재를 받아 사업에 큰 차질을 빚었습니다.

---

[1] 해외에서는 Internal investigation 혹은 Corporate internal investigation이라고 칭해지고 있으며, 국내에는 널리 통용되는 공식용어가 없어 이 책에서는 내부조사라는 용어를 사용하였습니다.

이상에서 말씀드린 두 사건 이외에도 내부고발은 지금도 큰 폭으로 증가하고 있습니다. 이러한 추세는 국민권익위원회 부패·공익침해 신고센터의 상담 및 안내 현황에서도 확인할 수 있습니다. 국민권익위원회의 통계에 의하면 2018년 부패 관련 상담 건수는 총 12,312건이며, 연도별로 등락을 거듭하고 있지만 전체적으로 증가하고 있는 추세임을 알 수 있습니다.

또한 2002년부터 2018년까지 국민권익위원회가 부패행위로 조사 기관에 이첩한 총 2,418건 중 내부고발은 1,275건이며 혐의 적발률은 74.8%에 이르고 있습니다. 이렇듯 내부고발은 통계적으로도 그 수가 늘어나고 있으며 혐의가 확인되어 처벌되는 확률 역시 상당한 수준에 이르고 있음을 알 수 있습니다.[2]

한편 기업의 부정행위는 국제적인 제재 대상이 될 가능성이 높아지고 있습니다. 이와 관련하여 미국 사법당국이 해외부패방지법(FCPA)의 적용을 대폭 확대하고 있는 점은 주목할 필요가 있습니다.

참고로 독일 지멘스의 사례를 살펴보겠습니다. 2006년 독일 검찰은 독일 뮌헨에 있는 지멘스 본사와 간부들의 집을 압수수색하고, 전·현직 간부를 체포하였습니다. 수사 결과 지멘스 전·현직 간부들은 2001~2004년 러시아, 나이지리아, 리비아 등지에서 거액의 뇌물을 뿌리고, 심지어 2004년 아테네 올림픽의 보안 시스템 설치 계약 건을 따내기 위해 그리스 내무부와 국방부 관리들에게

---

2) 국민권익위원회, 2018 『국가권익백서』.

도 뇌물을 건넨 것으로 확인되었습니다. 이로 인해 당시 경영진은 전격 퇴진했고 무선기기 부문 합병도 연기되었으며, 2008년 12월 미국 법무부와 SEC(미국 증권거래위원회)는 위 사건과 관련하여 해외부패방지법(FCPA)을 적용하여 지멘스에 대해 합계 총 8억 달러의 벌금을 부과하였습니다.

이렇듯 기업의 부정행위는 국내만이 아니라 국제적으로도 제재 대상이 될 수 있을 뿐만 아니라 그 제재 정도도 엄청난 수준이라는 점에서 준법경영은 이제 기업의 최우선 과제에 놓였다고 해도 과언이 아니라고 할 것입니다. 이에 대부분의 기업은 전담 부서를 설치하고 컴플라이언스 시스템 도입 및 그 시행을 위해 많은 노력을 기울이고 있습니다.

그러나 컴플라이언스 시스템이 아무리 잘 갖추어져 있다 해도 부정행위를 백 퍼센트 막기는 불가능합니다. 제도가 개인의 도덕성까지 담보하는 것은 아니기 때문입니다. 따라서 기업은 부정행위를 예방하기 위해 최선을 다해야 할 뿐만 아니라 이미 발생한 부정행위를 어떻게 조사하고 대처할 것인지에 대해서도 많은 노력과 준비가 필요합니다.

예를 들어 기업의 핵심 임원이 거래처로부터 정기적으로 금품을 상납받고 있다는 익명의 투서가 대표이사 명의로 전달되었다고 가정해 보겠습니다. 이 경우 대표이사는 투서를 어떻게 처리해야 할까요? 해당 임원을 따로 불러 그 경위를 물어보아야 할까요? 그냥 모른 척 넘어가야 할까요? 평소 신뢰하는 직원을 통해 은밀히 그 경위를 파악해 보아야 할까요? 경찰에 바로 고발을 해야 할까요? 과연 어떠한 선택이 현명한 것일까요?

이러한 일은 실제 필자가 검사로, 변호사로 재직하며 자주 겪은 일이며 내부조사 업무에 관심을 갖게 된 계기이기도 합니다. 그간의 경험에 의하면 사실 이러한 제보에 포함된 부정행위는 이미 공공연한 비밀일 가능성이 큽니다. 오랜 세월 반복된 고질적인 부정행위가 결국 수면 위로 부상한 것일 가능성이 크기 때문입니다. 단속에 걸린 음주 운전자들이 이번이 처음이라고 궁색한 변명을 하지만 그렇지 않은 경우가 대부분이듯, 딱 한 번 상납을 받았는데 투서가 들어오는 경우는 없다고 해도 과언이 아닐 것입니다.

또한 대표이사의 생각과는 달리 이러한 투서가 접수되었다는 사실마저도 이미 사내에 알려져 있을 가능성이 큽니다. 투서가 접수되기 전에 이미 여러 경로를 통해 이런저런 이야기가 오고 갔을 것이기 때문입니다. 대표이사에게까지 투서가 도착했다는 것은 이미 문제가 악화될 대로 악화된 상황이라고 보는 것이 합리적입니다.

상황이 이렇다 보니 직원 사이에서는 투서가 어떻게 처리되는지가 초미의 관심사로 떠오르게 됩니다. 아무도 모르겠지 하고 어영부영 처리하는 것은 그 자체로 구설수에 오르게 됩니다. 투서에 대한 조치는 직원들의 부패 기준이 되어 버립니다. '그 정도 돈을 받는 것은 문제 삼지 않는구나. 뭐 나도 이 정도는 괜찮겠

네.'라는 의식이 형성되는 것입니다.

따라서 이러한 경우 관련 임원이 아무리 중요한 사람이고 그간 기여한 것이 많다 해도 이를 외면하거나 대충 본인 변명만 듣고 어영부영 넘어가서는 안 됩니다. 사실 여부와 경위를 파악하고 그에 상응하는 조치를 취하는 것이야말로 대표이사로서 반드시 해야 할 일인 것입니다.

물론, 이것이 생각처럼 쉬운 일은 아닙니다. 기업이 스스로 부정행위를 조사하고 이를 시정하는 것은 높은 수준의 도덕적, 윤리적 결단이 필요합니다. 눈앞의 문제를 일단 미루어 두고 자신의 임기만 마치면 된다는 이기적인 생각이 드는 것도 어찌 보면 당연할 수 있습니다. 대표이사의 직을 걸어야 할 수도 있고 자신도 책임져야 할 부분이 있을 수도 있기 때문입니다.

그러나 이러한 미온적인 대처는 문제를 더욱 심각하게 하고 결국은 더 큰 위기를 초래하게 된다는 점을 잊지 말아야 합니다. 수많은 제보를 쌓아만 두었다가 결국 압수수색을 당하고 큰 위기를 겪는 경우도 허다합니다. 따라서 당장은 힘들어도 초기에 정확한 조사를 통해 사실관계를 파악하고 원칙대로 조치할 필요가 있습니다.

그러나 조사에 착수하려고 해도 또 다른 문제에 부딪히게 됩니다. 부정행위를 추궁하며 심문하는 것은 말처럼 쉬운 일이 아닙니다. 증거를 어떻게 찾고 누구의 협조를 구해야 하며 어디까지 조사가 가능한지에 대해 판단도 쉽지 않은 일입니다.

또한 실무적으로는 사물함, 책상 등 업무공간을 열어 볼 수 있는지, 개인의 금융거래내역을 요구할 수 있는지, 이메일이나 PC에 저장된 각종 정보를 열람할 수 있는지, 대상자가 사용한 휴대폰을 제출받아 분석할 수 있는지, 수집된 증거는 조사를 마치고 어떻게 처분해야 하는지 등 수많은 문제가 발생하게 됩니다.

그럼에도 불구하고 일선의 조사담당자들은 이러한 부분에 대한 경험이나 교육, 참고자료 등이 미흡하다 보니 많은 어려움을 겪고 있습니다. 이러한 절차 등이 사내에 마련되어 있거나 외부 전문가의 도움을 받을 수 있다면 그나마 형편이 낫다고 할 수 있겠습니다만 대부분 기업은 그렇지 못한 것이 현실입니다.

이런 점을 고려할 때 앞으로 우리 기업들도 내부조사에 좀 더 관심을 갖고, 내부조사와 관련하여 구체적인 절차와 방법 등을 정해두고 수시로 담당자를 교육하는 한편 외부 전문가를 활용해 신속하고 효율적인 조사가 가능하도록 하는 것이 필요하다고 하겠습니다.

내부조사가 필요한 이유

내부조사가 필요한 이유는 무엇보다 내부조사를 통해 정확한 사실관계를 파악해야 적절한 의사결정이 가능하기 때문입니다. 잘못된 사실에 기초한 의사결정은 사태를 더욱 악화시킵니다. 특히 여론의 주목을 받는 상황에서 잘못된 의사결정과 그에 따른 조치가 시행될 경우 대부분 기업이 사실을 감추고 거짓말을 하고 있다고 생각하게 됩니다. 이는 기업의 이미지에 치명적인 타격이 될 수밖에 없습니다.

한편, 기업은 현실적으로도 내부조사를 통해 사실관계를 확인할 필요성이 있습니다. 다음은 대법원 판결문 중 일부입니다.

> "근로기준법 제27조의3에 따른 부당해고구제재심판정을 다투는 소송에 있어서는 해고의 정당성에 대한 주장·입증책임은 이를 주장하는 자가 부담한다고 할 것이다."[3]

---

3) 대법원 1995. 2. 14. 선고 94누5069.

즉 기업이 부정행위를 저지른 근로자를 해고하기 위해서는 그 사유와 정당성을 주장·입증할 책임을 진다는 의미이며 따라서 기업은 향후 해당 임직원의 해고가 다투어질 경우를 대비하기 위해 그에 필요한 조사를 진행하지 않을 수 없습니다.

많은 해고 소송에서 해고 사유의 주장·입증에 실패하여 해고가 무효화되곤 합니다. 해고 소송은 해고된 당사자뿐만 아니라 기업에도 큰 손해입니다. 승패를 떠나 복잡하고 지루한 소송으로 인해 엄청난 시간과 비용을 낭비할 수밖에 없기 때문입니다. 이러한 문제는 정확한 해고 사유 파악과 입증을 위한 노력이 부족했던 것에 기인하는 것이라는 점에서 공정한 내부조사는 노사 양측 모두에게 절실한 과제입니다.

이렇듯 내부조사를 통해 정확한 사실관계가 신속히 확정될 경우 분쟁을 빨리 종결시킬 수 있다는 점은 큰 장점입니다. 실무상 조사 결과 명확한 부정행위가 확인되어 다툼의 여지가 없는 경우에는 당사자 역시 대부분 근로관계 종결에 별다른 이의를 제기하지 않는 것이 보통입니다. 분쟁이 장기화되는 것은 사실관계가 애매하여 어느 쪽도 이를 수긍하기 어려운 경우가 대부분입니다. 따라서 내부조사를 통해 사실관계를 명확히 하는 것은 분쟁의 조기 종결이라는 목적을 위해서도 필요합니다.

또한 내부조사는 기업이 법적 책임을 면하기 위해서도 필요합니다. 주식회사 같은 법인을 형사 처벌하기 위해서는 법에 특별한 규정이 있어야 하며, 그 대표적인 것이 양벌규정입니다. 양벌규정은 기업의 임직원이 범죄행위를 저지른 경우 기업에도 형사책임을 묻는 규정입니다. 그러나 이 경우에도 기업이 이를 예방하기 위해 선량한 관리자로서 최선의 노력을 다했다면 그 책임을 면해주는 것이 원칙입니다. 한마디로 기업이 평소 임직원의 부정행위를 막기 위해서 최선을 다했다면 용서해 주겠다는 것입니다. 따라서 기업이 스스로 임직원의 비리를 조사하고 그 결과에 따라 상응하는 법적 조치를 취하는 한편 수사에 적극 협조할 경우 이러한 면책 규정의 적용을 받아 형사처벌이 면제될 가능성이 높아집니다.

미국 해외부패방지법(FCPA)이 적용되는 기업의 경우 내부조사의 필요성은 더욱 높습니다. 이 법은 미국 기업들의 해외 뇌물 제공 관행을 근절하기 위해 제정되었던 법으로 현재는 미국 기업뿐만 아니라 외국 기업들까지도 그 적용 범위가 확대되어 앞서 언급한 독일의 지멘스(Siemens)사 외에도 2017년에는 스웨덴 텔리아(Telia)가 9억 6천5백만 달러, 2018년에는 페트롤레우 브라질레이루(Petroleo Brasileiro)가 17억 8천 달러의 제재를 받기도 하였습니다.

특히 이 법은 미국 증권시장에 증권을 발행한 기업이나 미국주식예탁증서를 발행한 기업 등을 그 적용 대상으로 하고 있어 이에 해당하는 국내 일부 기업들도 그 적용 대상일 뿐만 아니라, 그 제재 대상이 되는 뇌물 제공행위도 단순 금품제공에 그치지 않고 선물, 여행, 공연 관람, 기부금 및 채용 특혜를 제공하는 것까지 폭넓게 해석하고 있어 국내 기업들도 매우 유념해야 할 법이기도 합니다.

주목할 만한 것은 미 국무부가, 기업이 자발적으로 이 법 위반행위를 조사하여 이를 밝히고 당국의 조사에 완전하게 협조하며 적시에 개선책을 제시할 경우 기소를 면제하거나 형의 25%를 감면하는 파일럿 프로그램 및 관련 정책을 공표·시행하고 있는 점입니다. 미 국무부의 발표에 따르면 다수의 기업들이 이를 통해 조사종결 내지 형량감면 등의 혜택을 받았다고 합니다.[4]

이에 대해 기업에 부당한 특혜를 준다는 이유로 비난하는 의견도 있을 수 있겠습니다만, 국가기관이 모든 부정·부패행위를 감시하고 처벌할 수 없는 현실을 감안할 때 기업 스스로 불법행위를 조사하여 이를 공개하고 관련 수사에 적극 협조하는 한편 개선책을 마련할 경우 선처가 가능하도록 하는 것은 충분히 검토할 만한 대안이라고 생각합니다.

이러한 점에서 내부조사의 활성화는 국가적 과제인 부정부패 척결을 위해서도 꼭 필요한 일입니다. 사실 아무리 검찰, 경찰, 감사원 등 기관을 아무리 강화해도 모든 부정부패를 척결하는 것은 불가능합니다. 결국 부정부패의 척결은, 민간의 조사 역량을 강화하고 수사에 협력하는 기업에 인센티브를 제공함으로써 기업 스스로 부정부패를 척결하도록 유인하는 것이 가장 현실적인 대안입니다.

---

4) https://www.justice.gov/criminal-fraud/pilot-program/declinations

내부고발을 활성화하여 기업이 스스로 부정부패의 척결을 위해 노력하고 수사에 적극 협조할 경우 해당 기업에 대한 기소를 면제하는 해외 사례들은 바로 이러한 측면을 고려한 정책적 판단인 것입니다. 정책 당국에서도 수사기관의 권한을 강화하는 것만이 능사가 아니라는 점을 인식할 필요가 있습니다.

내부조사가 왜 꼭 필요한지를 알 수 있는 한 가지 사례를 말씀드리도록 하겠습니다. 모 기업으로부터 주요 임원 중 한 사람이 가공의 회사를 설립하고 해외 거래처와의 거래대금 중 일부를 위 회사를 통해 빼돌리고 있다는 의혹이 있는데 어떻게 하면 좋겠나는 문의를 받은 적이 있습니다.

이에 대해 필자는 의혹 수준에서 수사 의뢰를 하는 것은 자칫 무고라는 지적이 있을 수도 있고, 먼저 자체적으로 사실관계를 조사하는 것이 필요하다고 조언하여 일단 수사 의뢰에 앞서 내부조사에 착수하였습니다.

그런데 조사 결과, 관련 제보는 경쟁업체가 일부 정황을 과장하여 허위사실을 제보한 허위사실로 드러났습니다. 만약 이러한 사실을 제대로 확인하지 않고 무작정 수사기관에 수사를 의뢰했다면 결과적으로 해당 직원이 죄가 없다는 사실이 확인되었다고 해도 그 과정에서 해당 기업은 핵심 거래처를 잃고 불필요한 오해에 시달리게 되었을 것입니다. 이렇듯 내부조사는 정확한 사실관계 파악과 의사결정을 위해 꼭 필요한 절차입니다.

해외에 비해 국내에서
활성화되지 못한 이유

　해외에서는 이미 임직원의 부정행위가 발생할 경우 기업 스스로 객관적이고 공정하게 조사하고 그에 따라 조치하는 것을 매우 당연한 것으로 받아들이고 있습니다. 인터넷 검색 사이트에서도 기업들이 공개한 다수의 내부조사 보고서가 검색되고 있으며 필자 역시 업무를 수행하는 과정에서 이러한 보고서들을 참고하기도 하였습니다. 또한 전문 리서치 기관에서는 매년 주요 내부조사 사례를 선정하고 주목할 만한 내부조사 업체를 발표하는 등 활발한 움직임을 보이고 있습니다.[5]

　한편 가까운 일본에서도 사내조사, 부정조사 등의 명칭으로 조사업무 및 그에 대한 연구가 활발히 진행되고 있습니다. 일본 부정조사 위원회에서 발간한 서적에 따르면, 2015년 7월부터 2016년 7월까지 약 1년간 재무제표에 영향을 미쳤거나 부정행위 조사 사실을 홈페이지에 게재한 내부조사 사건이 총 38건에 이른다고

---

5)　https://globalinvestigationsreview.com/

합니다.[6]

그러나 아직 국내에서는 내부조사 업무 수요가 그리 높다고 보기 어려운 것이 현실입니다. 비교적 내부조사 업무를 많이 다룬 필자 역시 국내 기업보다는 아무래도 외국 기업을 상대로 하는 업무가 많았습니다.

반면 필자가 주도하여 국내 기업 임직원분들을 대상으로 내부조사 세미나를 개최해 보면 매번 자리가 부족할 정도로 성황을 이루고 많은 질문이 쇄도하는 등 그 열기와 호응이 상당했습니다. 과연 이러한 간극의 원인은 무엇이고 국내에서 내부조사 활성화되지 않지 못하는 이유는 무엇일까요?

우선 내부조사에 대한 일선의 관심이 높은 것은 어찌 보면 당연한 일이라고 생각합니다. 내부조사와 관련하여 교육이나 실무 경험을 제공해 주는 곳이 별로 없기 때문입니다. 국가기관에서 수사 및 감찰 업무에 종사하는 분들은 해당 국가기관에서 다양한 교육 및 연수를 받고 실무상으로도 많은 경험을 쌓을 수 있습니다.

그러나 민간 영역에서 누군가를 만나 묻고 답하는 방법, 묻고 답한 내용을 서면으로 작성하는 방법, 증거를 수집하고 조사하는 방법, 사실인정 방법 등에 대해 배우거나 경험을 쌓을 기회를 갖기는 매우 어렵습니다. 상황이 이러함에도 문제가 발생하면 관련 부서의 담당자는 이를 확인하고 조사를 할 수밖에 없다는 것이 일선의 고충인 것입니다.

---

6) 不正調査研究會 編著, 入門 不正調査 Q&A, 淸文社, 2017.

또한 국내에서 내부조사가 활성화되지 못하는 것은 그간의 잘못된 기업문화에서 기인하는 점도 무시할 수 없습니다. 화이트칼라 범죄의 특성상 여러 사람이 비리의 사슬에 얽혀 있게 마련이며 심한 경우 그 비리의 끝은 기업의 최고 경영자로까지 이어지는 경우도 있습니다. 사정이 이렇다 보니 내부의 반발과 비협조로 조사 자체가 어려워지고 그 대처도 미온적이기 일쑤였던 것입니다.

또한 해당 비리와는 관련이 없는 경우에도 이런저런 사정으로 은연중에 압력을 받아 객관적이고 투명한 조사를 진행하기 어려운 경우도 많습니다. 심지어 퇴사자들로부터 회사의 비리와 관련하여 꼬투리가 잡혀 협박을 당하고도 울며 겨자 먹기로 거액의 금품을 제공하거나 수십억의 돈을 횡령한 간부가 오히려 큰소리를 치며 회사를 떠나는 경우마저 있는 것이 현실입니다.

이뿐만 아닙니다. 비리의 뿌리가 너무 깊어 거래처, 협력업체와의 거래 단절로 기업 생존이 어려워질 수밖에 없는 상황이라 눈에 보이는 불법을 어찌하지 못하는 경우, 사안이 밝혀질 경우 수사기관 및 세무·감독 당국이 관여하여 기업의 정상적인 운영이 어려워질지도 모른다는 우려로 이러지도 저러지도 못하는 경우, 학연, 지연, 혈연 등 연고 및 정실에 따른 온정주의로 제대로 조사가 진행되지 못하는 경우 등 내부조사를 어렵게 만드는 원인은 이루 다 거론하기 어려울 정도로 많습니다.

하지만 이제는 좀 달라져야 할 때가 아닐까요? 임직원의 부정행위를 쉬쉬하거나 온정적으로 대하고 심지어 기업이 조직적으로 부정행위를 은폐하고 부정행위자를 비호하는 행위를 지속한다면 그러한 기업에 미래가 있다고 할 수는 없을 것입니다.

하루속히 이러한 태도에서 벗어나 좀 더 투명하고 공정한 기업 문화가 정착되어 내부조사가 활성화되길 기대해 봅니다. 다행히 우리 사회가 그간 여러 가지 정치·사회적 갈등과 혼란을 거치면서 조금씩 이러한 방향으로 발전해 나가고 있다는 점은 매우 고무적인 일이라고 생각합니다.

조사 근거와 협력의무

위기 대응의 첫째는 사실관계 파악이며, 이를 위한 수단이 바로 내부조사라는 점은 앞서 말씀드렸습니다. 그런데 과연 그렇다면 기업이 소속 임직원이나 기타 제3자를 조사할 수 있는 근거는 무엇이며 어디까지 허용되는 것인지에 대해 생각해 보지 않을 수 없습니다. 또한 임직원이 이러한 사내조사에 어디까지 응할 의무가 있는지에 대해서도 함께 살펴볼 필요가 있습니다.

1) 조사 근거

기업의 조사 근거와 생각해 볼 수 있는 것은 우선 상법상 감사 및 청산인의 조사 규정을 들 수 있습니다.[7] 아울러 민사소송규칙

---

7) [상법 제413조] 감사는 이사가 주주총회에 제출할 의안 및 서류를 조사하여 법령 또는 정관에 위반하거나 현저하게 부당한 사항이 있는지의 여부에 관하여 주주총회에 그 의견을 진술하여야 한다.
   [상법 제533조 제1항] 청산인은 취임한 후 지체 없이 회사의 재산상태를 조사하여 재산목록과 대차대조표를 작성하고 이를 주주총회에 제출하여 그 승인을 얻어야 한다.

은, 당사자에게 주장과 입증을 위해 사실관계와 증거를 상세히 조사하도록 규정하고 있습니다.[8] 나아가 「공익신고자보호법」에서도 공익제보가 있을 경우 이를 조사하도록 의무를 부과하고 있기도 합니다. 이와 같이 개별법에 조사근거가 명시되어 있는 경우에는 이를 근거로 조사를 실시하면 됩니다.

반면 일반적인 기업의 조사 근거가 무엇인지에 대해서는 아직 국내에서 이를 명시적으로 다룬 사례는 발견되지 않고 있습니다. 다만, 기업은 경영 목적 달성을 목적으로 여러 사람으로 구성된 조직체로 그 존립과 운영을 위해서는 규율 및 질서유지가 필요하며 이를 위한 범위 내에서 조사권도 인정된다고 해석하는 것이 타당하다고 생각합니다. 이는 종업원의 근무 규율 내지 직장 질서 위반행위에 대해 노동관계상 불이익을 주는 제재로서 징계가 가능하다는 노동법상 해석과도 같은 맥락이라고 하겠습니다.[9]

또한 근로자에게 경위서 작성을 요구하는 것은 정당한 업무상 명령이며 따라서 이를 거부한 것은 취업 규칙상 해고 사유에 해당한다고 본 사례[10], 파업에 대한 사실조사 과정에서 조사에 응하지 아니하거나 특별감사반의 조사에 응하지 아니한 것을 징계해고의 정당한 사유 중 하나로 본 사례 등[11]은 법원 역시 기업의 조사권을 인정하고 있다는 해석을 가능하게 합니다.

---

8) [민사소송규칙 제69조의2] 당사자는 주장과 입증을 충실히 할 수 있도록 사전에 사실관계와 증거를 상세히 조사하여야 한다.
9) 임종률, 『노동법』, 박영사, 2019.
10) 서울행정법원 2010. 11. 19. 선고 2010구합17687.
11) 대법원 2005. 6. 9. 선고 2005두2964, 서울행정법원 2006. 3. 10. 선고 2005구합24902.

일본 판례 중에는 내부조사 과정에서 면담조사를 거부하여 징계를 당한 직원이 징계가 무효라며 제기한 소송에서, "기업은 기업 질서의 유지·확보를 위해 노동자에게 구체적인 지시, 명령이 가능하며, 기업 질서에 위반한 행위가 있는 경우 그 위반행위의 내용, 형태, 정도 등을 명확히 하고 혼란해진 기업 질서의 회복을 위해 사실관계를 조사하는 것이 가능하다는 것은 당연하다."라고 판시한 사례가 있습니다.[12] 또한 이러한 권한은 사내규정 내지 취업규칙 등에 명시되어 있는지 여부와 무관하게 인정되는 것이라고 보고 있습니다.

2) 조사협력의무

임직원은 기업의 내부조사에 응할 의무가 있을까요? 기업 질서 유지를 위한 조사권이 인정되는 이상 그에 반대되는 임직원의 조사 수인 의무 역시 근로계약상 부수적인 의무의 하나로 인정된다고 할 수 있습니다. 그러나 그렇다고 해서 임직원에게 무제한의 조사 수인 의무가 있다고 할 수는 없습니다. 기업의 조사권에도 한계가 있고 고용 관계와 아무 관계없는 개인사를 기업이 조사대상으로 삼거나 임직원이 이에 협력할 의무가 있다고 보기는 어렵기 때문입니다.

---

12) 最三小判1昭和52(1977)年 12月 3日 日裁判集民 122号391頁.

결국 조사가 허용되는지는 직무 관련성, 조사의 필요성 및 긴급성, 문제 된 행위가 기업에 미칠 영향과 사회적 파장, 회사의 인사 및 징계 규정 등을 신중히 검토하여 그 필요성과 상당성이 인정되는지에 따라 결정된다고 하겠습니다.

따라서 조사 착수 전에 이러한 요건들이 갖추어졌는지, 과연 조사가 적절한 것인지에 대한 평가가 꼭 선행되어야 할 것입니다. 조사의 정당성과 조사 수인 의무는 동전의 양면과 같아서 조사의 정당성이 인정받기 어려운 경우에는 조사 결과 취해진 각종 인사, 징계 조치의 유효성을 인정받기 어려울 가능성이 커질 뿐만 아니라 조사 절차상 제기된 문제와 관련하여 법적 책임을 부담하게 될 수도 있기 때문입니다.

즉 조사의 정당성이 인정되지 않는 개인사나 부당한 신상털기식 조사는 추후 그로 인한 징계가 무효화될 수도 있고, 조사 과정에서 발생한 각종 사생활 침해 행위 등에 대해 법적 책임을 지게 될 가능성도 있다는 점을 유념해야 할 것입니다.

3) 당사자의 동의

임직원에게 조사협력의무가 인정된다고 하여도 당사자가 협력을 거부할 경우 이를 징계 대상으로 삼을 수는 있을지언정 조사에 협력할 것을 강제할 방법은 없습니다. 그렇다고 협력을 거부할 경우 징계하거나 수사기관에 강제수사를 의뢰하겠다고 몰아세우는 것만이 능사는 아닙니다. 조사에 협조하는 것이 본인에게 득이 된다는 점을 설득해서 당사자의 동의 내지 협조를 얻어 내는 것이 중요합니다. 경험적으로도 부정행위로 문제 된 임직원들 역시 조사에 협조하고 기업 내에서 문제가 종결되길 바라는 경우가 많아 조사자의 노력에 따라 이러한 설득은 상당히 효과적일 수 있습니다.

또한 내부조사를 할 경우를 대비해서 사전에 임직원들로부터 동의서를 받아 두는 것이 필요합니다. 기업들은 임직원들로부터 여러 유형의 동의서 내지 서약서를 받고 있습니다만 내부조사를 위해 업무용 컴퓨터, 이메일 등 전산 자료의 조사 및 열람 동의 등을 받는 경우는 많지 않은 것 같습니다. 조사 가능성에 대비하여 가급적 필요한 동의서를 갖춰 두는 것이 필요하다고 생각합니다.

최근 언론을 통해 임직원들에게 금융거래 정보를 요구하는 것은 지나친 사생활 침해가 아니냐는 주장이 제기된 적이 있습니다. 이렇듯 기업의 조사 및 감사는 임직원의 사생활을 침해하게 될 가능성이 있다는 점에서 당사자의 동의를 받아 그 근거를 명확히 해 둘 필요가 있습니다.

나아가, 내부 임직원뿐만 아니라 대리점, 협력업체 등 다른 업체 내지 임직원들에 대한 조사가 필요한 경우에도 대비해둘 필요가 있습니다. 부정행위에 다른 업체가 관련되어 있을 경우 과연 해당 업체 대한 조사가 가능한지, 가능하다면 어디까지 가능한 것인지, 조사 근거를 계약으로 명시하는 것이 가능한지 등 다양한 문제가 발생할 수 있어 신중히 살펴보아야 할 문제입니다.

다만 이 역시 제3자의 동의가 전제되어야 하며, 동의가 없으면 사실상 조사 진행이 어렵다는 점에서 사안에 따라 달리 접근할 필요가 있습니다. 다른 업체 등 제3자에 대한 조사가 진상 규명에 필수적임에도 끝까지 이를 거부할 경우에는 결국 공권력의 도움을 받을 수밖에 없을 것입니다. 그러나 제3자 역시 이러한 사정을 알게 되면 협상을 통한 해결을 위해 적극적으로 조사에 협조하는 경우도 많으므로 처음부터 포기할 필요는 없다는 점을 말씀드립니다.

05 일반적인 회계감사 업무와 부정조사 업무의 차이

일반적인 회계감사는 재무제표의 신뢰성을 높이는 것이 목적이지 구체적인 부정행위의 적발에 주된 목적이 있는 것은 아닙니다. 내부조사는 부정행위가 인지된 경우 이를 조사하는 것이라는 점에서 그 대상과 목적, 수단이 모두 다릅니다.

즉 회계감사는 정기적으로, 재무제표 전체를 대상으로 하는 전반적인 범위를 대상으로 하고, 재무제표의 적정성에 관한 합리적인 보증과 의견을 구하는 중립적인 절차로 주된 방법론은 기록, 문서의 열람, 유형자산의 실사, 면담, 사실 확인 등을 그 특징으로 합니다.

그러나 내부조사는 특정한 의혹을 해명하고 확인하기 위해 부정기적으로 실시되는 것으로, 주로 부정행위 유무를 확인하고 그 원인과 경위를 파악하여 책임소재를 밝히는 것을 목적으로 합니다. 또한 조사대상과 대립적인 위치에서 진행하게 되며 주로 심문, 증거수집, 현장 조사 등의 방법을 활용하는 것이 특징입니다.

이와 같이 공인회계사 등이 진행하는 회계감사 업무와 내부조사 업무는 성격을 달리하는 업무이며 내부조사는 다양한 이해관계의 조절과 법적 해석이 수반되는 업무라는 점을 유념할 필요가 있습니다.

06

내부조사에서 변호사의 역할

　내부조사는 흔히들 생각할 수 있는 사설탐정이나 흥신소의 업무와는 전혀 성격이 다릅니다. 내부조사는 법적인 절차에 따라 인권침해를 최소화하면서 증거를 수집, 분석하고, 객관적이고 공정한 사실인정을 통해 관련자에 대한 책임 추궁 등 법적 문제를 판단, 조언해야 하는 고도의 전문성이 요구되는 업무입니다.

　변호사는 법률전문가로 심문, 증거분석, 사실인정 및 법적 조치 등 내부조사에 필수적인 업무를 그 업의 본질로 한다는 점에서 내부조사에서 핵심 역할을 수행하는 경우가 많습니다.

　특히 내부조사에서 관련자 면담 내지 심문을 진행하거나 증거를 수집할 때 문제가 될 수 있는 위험요소들을 사전에 평가하여 조사의 적법성을 확보하고, 향후 법적 분쟁으로 이어질 수 있는 각종 인사 조치 내지 기관 보고, 보도자료 배포에 있어 법적인 문제를 검토하고 적절히 대응하는 것은 매우 중요합니다. 이런 측면에서도 법률 전문가인 변호사의 역할은 상당합니다.

　한편 일반적인 변호사 업무와 내부조사를 수행하는 변호사 업무의 가장 차이점은 사실인정의 기초가 되는 증거의 범위와 수집방법이라고 하겠습니다. 일반적인 사건 수행에 있어 변호사는 대개 의뢰인이 제공하는 자료 외에 스스로 증거를 수집하는 경우는 거의 없고 설사 그러한 경우가 있더라도 이는 부수적이고 제한적입니다. 그러나 내부조사를 수행하는 변호사는 자신의 주도하에 적극적으로 증거를 수집하여 사실인정의 기초로 삼게 되며, 그 과정에서 최초에 의뢰받은 업무가 아닌 다른 업무까지도 관여하게 되는 경우가 많습니다. 사실 변호사 입장에서는 이러한 점이 내부조사 업무의 매력이라고 할 수 있습니다.

분쟁의 기초가 되는 사실관계가 변호사에게 제대로 전달되지 않는다면 그 소송에서 이길 가능성은 거의 없을 것입니다. 반면 변호사가 적극적으로 증거수집에 관여하여 좀 더 객관적이고 공정한 사실인정이 가능해진다면 소송에서의 승소뿐만 아니라 분쟁의 전체 전략을 수립함에 있어서도 매우 유리한 고지를 차지할 수 있을 것입니다. 이는 내부조사뿐만 아니라 일반적인 변호사의 업무에도 이와 같은 방법론을 좀 더 적극적으로 활용할 필요가 있는 이유이기도 합니다.

이와 관련하여 기존의 고문 변호사나 거래 관계에 있던 법률사무소에 내부조사를 의뢰해도 되는지 하는 문제가 있습니다. 이는 일종의 이해 상충과 유사한 문제입니다. 기존의 고문 변호사 등을 통해 진행하는 것의 장점은 회사 사정을 잘 알고 있어 업무 진행이 수월할 수 있다는 점입니다. 또한 소통이 용이하다는 점도 큰 장점이라고 하겠습니다.

다만, 객관적이고 공정한 조사가 무엇보다 중요한 사안의 경우에는 대외적 신뢰를 얻기 어렵다는 한계가 있습니다. 아무래도 회사와 거래 관계가 있는 변호사가 과연 회사의 눈치를 보지 않고 제대로 조사를 할 수 있었겠느냐는 의문이 제기될 수 있기 때문입니다.

정해진 답이 없는 문제이긴 합니다만, 사안의 성격과 파급력에 따라서는 가급적 기존 거래 관계에 있는 변호사보다는 외견상으로도 객관적인 조사가 가능할 것으로 생각되는 변호사나 로펌에 조사를 의뢰하는 것이 적절한 경우도 있을 것입니다.

동의 없는 내부조사는 가능한가?

1) 충돌하는 법익, 그 판단기준

2017년 9월경 국내 한 대기업 자회사의 감사에 문제가 있다는 언론 보도가 있었습니다.[13] 당시 보도에서 지적한 문제는 횡령 관련 내부감사 과정에서 자회사 직원들에게 금융계좌 거래내역을 요구한 것은 개인정보 침해로 문제가 될 수 있다는 것이었습니다. 물론 임직원의 사생활 비밀이 보호되어야 하는 것은 당연한 것입니다만 과연 모든 경우에 무조건 사생활 보호만을 우선시하는 것이 적절한 것인지는 의문입니다. 기업의 부패 방지와 준법 감시 기능의 강화를 위해서는 부득이 임직원의 개인정보에 접근해야 하는 경우도 있을 수 있기 때문입니다.

건전하고 투명한 기업 운영을 위해서는 임직원들의 부정행위에 대한 조사 및 조치가 가능해야 합니다. 영업비밀 유출, 직장 내 성희롱, 협력업체 금품 수수 등 부정행위가 발생할 경우 사실관계를

---

13) http://www.ohmynews.com/NWS_Web/View/at_pg.aspx?CNTN_CD=A0002361512

확인하고 필요한 법적 조치 등을 취할 필요가 있기 때문입니다.

반면 임직원 개개인은 법률상 사생활의 비밀을 보호받을 권리가 있습니다. 회사라고 해서 이러한 권리를 함부로 침해할 수 없다는 점은 자명합니다. 그렇다면 이 충돌하는 법익을 어떻게 조화롭게 해결해야 할까요?

대법원은 사진 촬영 등 증거수집행위가 초상권을 침해하는 불법행위인지가 문제 된 사안에서 다음과 같이 기준을 제시하였습니다.

> "초상권이나 사생활의 비밀과 자유를 침해하는 행위를 둘러싸고 서로 다른 두 방향의 이익이 충돌하는 경우에는 구체적 사안에서의 사정을 종합적으로 고려한 이익형량을 통하여 위 침해행위의 최종적인 위법성이 가려진다. ……이러한 이익형량을 위해, 첫째 침해행위의 영역에 속하는 고려요소로는 침해행위로 달성하려는 이익(이하 '침해법익'이라 한다.)의 내용 및 그 중대성, 침해행위의 필요성과 효과성, 침해행위의 보충성과 긴급성, 침해방법의 상당성 등이 있고, 둘째 피해이익의 영역에 속하는 고려요소로는 피해법익의 내용과 중대성 및 침해행위로 인하여 피해자가 입는 피해의 정도, 피해이익의 보호가치 등이 있다."[14)]

---

14) 대법원 2006. 10. 13. 선고 2004다16280.

또한 대법원은, 대표이사가 비위행위를 조사하기 위해 직원의 PC를 디지털 포렌식 분석을 통해 조사하자, 직원이 대표이사를 상대로 비밀 침해라는 이유로 고소한 사건에 대해 대표이사의 행위가 '정당행위'라는 이유로 무죄를 선고하기도 하였습니다.[15] 위 판결은 내부조사 및 디지털 포렌식 분야 등에서 매우 중요한 판례 중 하나이므로 다음에서 상세히 살펴보겠습니다.

위 사건에서 피고인은 직원으로 근무하던 피해자가 회사의 이익을 빼돌린다는 소문을 확인하기 위해, 비밀번호를 설정한 피해자의 개인용 컴퓨터 하드디스크를 떼 내어 그 속에 저장되어 있던 피해자의 메신저 대화 내용과 이메일 등을 출력하여 그 내용을 확인하였고 이에 대해 피해자는 피고인의 행위가 전자기록 등 내용탐지, 즉 사생활 침해라는 이유로 고소를 제기한 것입니다. 이에 대해 대법원은 다음과 같은 사유들을 들어 피고인의 행위는 정당행위에 해당하여 무죄라고 판단하였습니다.

- 피고인이 피해자가 사용하던 컴퓨터의 하드디스크를 검사할 무렵 피해자의 업무상 배임 혐의가 구체적이고 합리적으로 의심되는 상황이었고, 그럼에도 불구하고 피해자가 이를 부인하고 있어 대표이사인 피고인으로서는 피해자가 회사의 무형자산이나 거래처를 빼돌리고 있는지 긴급히 확인하고 이에 대처할 필요가 있었던 점.

---

15) 대법원 2009. 12. 24. 선고 2007도6243

- 피고인은 피해자의 컴퓨터 하드디스크에 저장된 정보의 내용을 전부 열람한 것이 아니라 의심이 가는 특정 단어로 검색되는 정보만을 열람함으로써 조사의 범위를 업무와 관련된 것으로 한정한 점.

- 피해자는 입사할 때에 회사 소유의 컴퓨터를 무단으로 사용하지 않고 업무와 관련된 결과물을 모두 회사에 귀속시키겠다고 약정하였을 뿐만 아니라, 위 컴퓨터에 피해자의 혐의와 관련된 자료가 저장되어 있을 개연성이 컸던 점.

- 그리하여 위와 같이 검색해 본 결과 고객들을 빼돌릴 목적으로 작성된 견적서, 계약서와 계약을 빼돌렸다는 취지의 메신저 대화자료, 이메일 송신자료 등이 발견된 점.

- 회사의 모든 업무가 컴퓨터로 처리되고 그 업무에 관한 정보가 컴퓨터에 보관되고 있는 현재의 사무 환경하에서 부하 직원의 회사에 대한 범죄 혐의가 드러나는 경우 피고인과 같은 감독자에 대하여는 회사의 유지·존속 및 손해 방지 등을 위해서 그러한 정보에 대한 접근이 허용될 필요가 있는 점.

특히 이 판결은 내부조사 목적으로 개인 컴퓨터 등을 조사할 때 어떤 법적 위험이 있으며 조사 방법과 절차에 있어 어떠한 점에 주의해야 하는지를 일깨워 준다는 점에서 큰 의미가 있습니다.

또한, 일본 판례이긴 하나 회사가 임직원의 이메일을 열람, 조사

할 수 있는지와 관련하여 일정한 요건 하에서 가능하다는 점을 확인한 사례도 있습니다.[16)]

위 사례에서 일본 법원은, "종업원이 기업의 네트워크 시스템을 이용하여 송수신한 개인 메일을 상사가 해당 종업원의 허가 없이 열람한 사안에서 감시의 목적, 수단 및 그 상황, 감시당하는 측의 불이익 등을 종합적으로 고려할 때 열람 행위가 사회통념상 상당한 범위를 일탈했다고 볼 수 없다."라고 판시하였습니다.

한편 「개인정보보호법」은 기업의 정당한 이익을 달성하기 위하여 필요한 경우로서 명백하게 정보주체의 권리보다 우선하는 경우에는 동의 없이도 개인정보를 수집·사용할 수 있도록 규정하고 있기도 합니다. 「개인정보보호법」의 이러한 규정은 충돌하는 법익 간의 조화로운 해석을 위한 제도적 장치라고 할 수 있습니다.[17)]

이러한 사례 등을 종합해 보면 기업의 조사권과 임직원의 사생활 보호 이익이 충돌할 경우 무엇을 우선시해야 하는지에 대한 판단 기준을 도출해 낼 수 있습니다. 또한, 이러한 기준은 기업의 평상시 준법 감시활동 전반에도 동일한 해석 기준을 제공한다고 할 수 있습니다.

즉 내부조사로 인해 사생활의 비밀이 침해된 경우 그 위법성의 판단은 구체적인 사정을 종합적으로 고려한 이익형량을 통하여 가려져야 하며, 이러한 이익형량을 위해서는 내부조사의 필요성,

---

16) 東京地判, 平成13年12月3日 勞判826号76頁 등.

17) 개인정보보호법 제15조 제1항 제6호.

정당성, 효과성, 보충성, 긴급성 및 선택한 조사 방법의 상당성, 사생활 침해의 중대성과 피해 정도 등을 고려해야 한다는 것입니다. 또한 조사 과정에서 반드시 피조사자의 인권을 존중하고 사생활 침해를 최소화할 수 있도록 노력해야 한다는 점 또한 간과하지 말아야 할 것입니다.

2) 동의 없는 조사는 가능한가?

앞서 내부조사의 근거 중 하나로 피조사자의 동의를 언급하였습니다. 그런데 만약 피조사자의 동의가 없는 경우에는 어떠한 조사도 불가능한 것일까요? 사실 자신의 부정행위가 조사대상인 상황에서 피조사자의 동의를 구하는 것 자체가 오히려 어색한 것일 수도 있습니다. 이렇듯 동의가 없으면 무조건 조사가 불가능하다고 하는 것도 상식에 반하는 측면이 있습니다.

이렇듯 보호법익이 충돌하는 영역에서 앞서 대법원에서 제시한 기준들이 의미를 갖게 됩니다. 예를 들어 직원 개인에게 제공된 사물함을 동의 없이 조사 목적으로 열어 볼 수 있는가 하는 문제를 생각해 보겠습니다. 연락이 되지 않아 동의를 구할 수 없는 경우도 있을 수 있습니다.

이 경우 앞서 제시한 대법원의 기준을 원용해 보면, 조사의 필요성이 있고, 당장 사물함을 열지 않으면 증거가 훼손되거나 인멸

될 우려가 있는 등 긴급성이 인정되고, 사물함 수색 절차를 모두 동영상으로 촬영하고, 대상 직원의 사생활 침해를 막기 위해 적절한 사람을 참여시키고, 비위행위와 관련된 증거로 의심되는 것들만 제한적으로 보관하는 등의 조치를 취했다면 비록 대상자의 동의가 없더라도 정당행위로 인정된다고 해석될 가능성이 크다고 할 것입니다.

소지품 검사와 관련하여 일본 최고재판소는 취업규칙상 소지품 검사를 거부할 수 없다고 규정되어 있는 경우에도 첫째, 검사가 필요한 합리적 사유가 존재하고 둘째, 타당한 방법과 정도로 실시하여야 하며 셋째, 정해진 절차에 따라 일률적으로 실시되고 넷째, 취업 규칙 등에 근거가 명시되어야 한다며 일정한 제한을 가하기도 하였습니다.[18] 소지품 검사를 거부할 수 없다는 규정에도 불구하고 실제 소지품 검사에는 일정한 한계가 있다는 것입니다. 참고로 일본에서는 심지어 소지품 검사를 당했다는 사실이 다른 직원에게 알려져 명예 및 동료들로부터의 신뢰가 훼손당하였다는 이유로 그 위법성이 인정된 경우도 있다고 합니다.

이는 단지 소지품 검사뿐만 아니라, 조사대상자가 사용하는 책상, 사물함 등에 대한 수색에도 동일하게 적용된다고 할 것입니다. 참고로 이러한 경우 개인 물품의 분실 등의 우려가 있으므로 반드시 당사자나 참여인을 동석하도록 해야 한다는 점을 명심할 필요가 있습니다.

---

18)   最裁所3年8月2日 民集22券 8号1525頁.

이는 이메일 조사에서도 마찬가지입니다. 대상자의 사생활과 관련된 부분은 열람에서 배제하고, 사안에 따라서는 일정한 조사 도구와 방법론을 활용하여 이메일을 처리한 후 제한된 키워드로 검색된 내용만 열람하는 조치를 취해 대상자의 사생활 침해를 최소화하도록 노력해야 합니다. 무턱대고 아무 메일이나 열어보거나 조사 과정에서 알게 된 타인의 사생활을 공개하는 행위는 아무리 조사 목적이 정당하더라도 정당행위로 인정받기 어렵다는 점을 명심해야 할 것입니다.

나아가 이러한 노력은 비록 대상자의 동의가 있더라도 마찬가지입니다. 즉 동의가 있다고 해서 모든 사생활과 관련된 정보를 무제한적으로 열람할 수 있는 것은 아니고, 이 경우 역시 사생활 침해를 막기 위해 최대한 노력해야 한다는 점은 마찬가지라는 것입니다.

실무적으로 내부조사에 반드시 동의가 필요하냐는 질문을 많이 받게 됩니다. 이러한 질문에 대해 필자는 "동의가 있다고 해서 모든 조사가 허용되는 것도 아니고, 동의가 없다고 해서 일체의 조사가 금지되는 것은 아닙니다."라고 답변해 왔습니다. 결국 중요한 것은 절차 전반에 있어 피조사자의 사생활 및 인권을 보호하겠다는 자세와 이를 위한 노력이라는 점을 기억해 주셨으면 합니다.

마지막으로, 컴퓨터 조사에 동의가 필요한지와 관련하여 중요한 선례가 될 수 있는 사례를 살펴보도록 하겠습니다. 대법원에 의해 추진된 '사법부 블랙리스트 의혹 해소를 위한 추가 조사 위원회'는 2018. 1. 22. 조사 결과를 발표하였는데 그중에는 당사자의 동의 없이도 컴퓨터에 대한 조사가 가능한지에 대한 판단이 포함되어 있었습니다. 조사보고서에서 조사 위원회는 조사 대상과 방법을 한정하고 당사자에게 참여권과 의견 진술 기회를 부여한다면 당사자의 동의가 없어도 컴퓨터에 대한 조사가 가능하다는 입장을 밝힌 것입니다.[19]

물론 이러한 결론에 대해 이는 적법절차와 영장주의 위반이며 형법상 비밀침해죄에 해당하는 범죄행위라는 주장이 제기되는 등[20] 찬반이 갈리고 있기는 합니다만 위 사례는 동의 없는 조사 허용 여부와 관련하여 중요한 선례인 것만은 분명해 보입니다.

3) 동의 취득 시 주의사항

임직원들로부터 동의를 구하는 과정에서 "동의하지 않으면 불리한 사실을 숨기고 있는 것으로 받아들이겠다."라는 등의 사실상 동의를 강제하거나 위압적인 언동을 할 경우에는 나중에 그 효력이 부인될 수도 있습니다. 따라서 반드시 진정한 의사에 기초하여 자유로운 상태에서 동의를 받아야 합니다.

또한, 자신의 의사에 따라 동의를 하였음에도 사후에 사정이

---

19) 2018. 1. 22.자 대법원 '사법부 블랙리스트' 추가조사 위원회 조사보고서.
20) https://www.lawtimes.co.kr/Legal-News/Legal-News-View?serial=136665

불리하게 되면 동의의 효력을 부인하는 경우도 있을 수 있습니다. 사안에 따라서는 이러한 경우를 대비하여 직접 동의서에 자필로 서명하는 것 이외에 녹음 등 다른 증빙자료를 확보해 두는 것이 필요할 수도 있습니다.

그렇다면 동의를 구하기 위해서는 어떻게 해야 할까요? 실무상으로는 조사절차상 사생활 침해가 발생하지 않도록 자료 봉인 및 조사 참여권 보장, 반론권 보장 등 여러 가지 안전장치를 둘 것임을 설명함과 동시에 "조사에 동의하여 본인의 결백을 밝히는 것이 좋지 않겠습니까?"라는 식으로 설득하는 것이 가장 적절하다고 생각합니다. 결국, 중요한 것은 동의를 받기 위해 무리하는 것보다 스스로 동의하고 조사에 응하는 것이 유리하다는 판단을 할 수 있도록 설득하는 것이라고 하겠습니다. 비교적 조사에 적극적인 사람으로부터 먼저 동의를 구하고 다른 사람들로 하여금 본인의 이익을 위해서라도 동의하는 것이 좋겠다는 판단을 하도록 유도하는 방법도 고려해볼 만합니다.

4) 자문사례

참고로 필자가 개인정보보호위원회 자문 변호사로 처리한 사례를 간략히 소개하겠습니다. 질의사항이 여럿이었으나 그중 하나가 "공공기관 내부 서버에 저장되어 있는 임직원의 회사 이메일 내용을 자체 감사 목적으로 이용하는 것이 「통신비밀보호법」, 「개인정보보호법」 등 관련 법률 위반인가?"라는 것이었습니다. 이에 대한 당시 필자의 의견 중 일부를 인용하면 다음과 같습니다.

> "비록 정보주체의 동의가 없더라도 첫째로 사내 이메일은 업무용이며, 사내 이메일에 사생활 정보가 포함되었을 경우에도 프라이버시 보호에 대한 합리적 기대가능성이 없거나 극히 희박하다는 점. 둘째는 공공기관의 감사라는 공익적 목적이 존재한다는 점. 셋째는 감사 대상 혐의가 구체적이고 합리적으로 의심되는 상황이라는 점. 넷째는 그 혐의 유무를 확인하기 위해 이메일을 통한 증거 확보가 필요한 상황에서 이를 긴급히 확인하고 대처할 필요가 있다는 점. 다섯째는 조사의 범위 및 방법을 혐의와 관련된 범위로 제한하는 등 사생활 침해를 막기 위한 상당한 주의를 기울였다는 점이 인정된다면 이 경우 이메일 조사는 허용된다고 보아야 한다."

기대가능성, 정당행위, 절차적 통제 등 다양한 언급이 있습니다만, 결국 충돌하는 이해관계를 어떻게 조율할 것이냐는 가치판단의 문제로 귀결된다고 하겠습니다.

필자가 직접 변호사로서 담당했던 형사사건에서도 같은 쟁점이 문제 된 적이 있습니다. 이 사안은 내부조사 목적으로 이메일을 열람한 것이 「통신비밀보호법」 및 개인정보보호법 위반에 해당한다고 고소가 제기되어 문제가 되었던 사건입니다. 이 사건은 결국 검찰에서 무혐의 종결되었는데 당시 변론 요지는 다음과 같았습니다.

"첫째, 본건은 사내질서 문란행위에 대한 징계를 위한 조사 목적에서 실시된 것이라는 점. 둘째, 이러한 징계목적의 조사 과정에서 사생활 정보가 수집될 경우를 대비하여 회사는 임직원들로부터 개인정보제공동의서를 제출받은 점. 셋째, 회사 전산보안 일반기준에 따르면, 회사에서 제공한 전자우편은 업무 목적으로만 사용하도록 규정하고 있고 그 송수신된 전자 우편 내용을 확인할 수 있다고 규정되어 있어 업무 목적의 이메일 조사가 가능하다는 점. 넷째, 대상 이메일을 특정 기간으로 한정하고 송수신 목록 확인하였을 뿐 이메일 내용에 대해서는 열람이 이루어지지 않은 점. 다섯째, 회사가 본건 조사 과정에서 취한 각종 조치들을 고려할 때 개인정보를 침해하거나 기타 비밀을 침해하고자 하는 고의가 인정된다고 보기 어렵다는 점 등을 종합하여 볼 때 그 혐의가 인정된다고 보기 어렵다."

특히 본건이 결국 무혐의 처리되게 된 중요한 계기는 조사 전에 예상되는 위험을 살펴보고, 조사 방법 및 절차를 신중히 계획했기 때문이었다는 점에서 시사하는 바가 크다고 하겠습니다.

[내부조사 목적으로 휴대폰을 제출받을 수 있을까?]

2019년 1월 초 한 언론 보도를 통해 청와대 민정수석실의 휴대폰 감찰에 대한 문제가 지적되었습니다.[21] 당시 청와대 관계자는 휴대폰 제출은 당사자의 동의하에 진행된 것이므로 아무런 문제가 없다는 입장이었고, 이에 대해 일각에서는 동의서가 있다고는 하지만 공무원이 민정수석실의 감찰 요구를 거절하기 힘든 것 아니냐는 이유 등을 들어 임의제출을 위장한 불법이라는 반론이 제기되어 논란이 되었습니다.

이에 대해 여러 가지 의견이 있을 수는 있겠습니다만, 먼저 당사자의 동의하에 휴대폰을 제출받은 것을 무조건 불법이라고 해석하는 것은 무리라고 생각합니다. 자신의 주장이나 알리바이 입증을 위해 임의로 휴대폰을 제공하는 경우도 있을 수 있기 때문입니다.

따라서 민정수석실이 휴대폰 제출을 요구하는 것을 어떻게 거부하느냐는 논리로 동의서에 기초한 휴대폰 제출을 모두 불법으로 평가하는 것은 문제입니다. 당사자의 동의 없이 강제로 빼앗는 것은 명백한 불법이며 이러한 방식의 감찰은 현실적으로도 가능하지 않을뿐더러 당사자에게 명백히 거부할 권리가 있다는 점에서 동의서를 작성하고 제출한 행위를 무조건 불법으로 보기는 어렵기 때문입니다.

---

21)   http://news.chosun.com/site/data/html_dir/2019/01/09/2019010900229.html

결국 이 문제 역시 조사의 목적과 정당성, 조사 절차의 합법성이 관건일 것이며, 본인의 동의하에 휴대폰을 확보한 후 실제 조사 대상에 한정해서 키워드 검색 또는 일시, 장소, 대상자 등을 특정하여 제한적인 열람을 진행하고 조사 목적에 상응하는 증거를 찾아 이를 활용한다면 이를 불법이라고 하기는 어렵다고 생각합니다.

또한 현실적인 대안으로 향후 압수수색영장 등 법적 근거가 구비되었을 때를 대비하여 휴대폰 데이터 전부를 디지털 포렌식 기법을 활용하여 그대로 복사한 후 그 내용은 열람하지 않고 이를 봉인하여 보관하고 상대방의 동의 및 참여 없이는 개봉하거나 열람하지 않기로 하는 것도 고려해 볼 필요가 있다고 생각합니다. 이는 열람으로 인한 사생활 침해는 차단하되 증거는 보전할 수 있는 방법으로 당사자로서는 거부할 명분이 별로 없다는 점에서 상당한 효과를 거둘 수 있습니다.

이 사례에서 보듯 국가기관의 감찰 역시 내부조사의 일환이라고 할 수 있습니다. 따라서 공무원에 대한 감사 또는 감찰에 있어서도 적법절차에 따른 조사가 가능하도록 제도를 정비할 필요가 있다고 하겠습니다.

내부조사의 실효성과 관련하여

내부조사 업무를 하면서 고객들로부터 많이 받은 질문 중 하나가 "수사기관도 아닌 회사 스스로 하는 조사가 제대로 될까요?"라는 질문입니다. 물론 조사 경험 내지 노하우가 부족한 상태에서 기업 스스로 실시하는 조사에 여러 가지 어려움이 있을 수밖에 없다는 것은 당연합니다.

부서 및 임직원 간 이해관계의 차이, 평소 알던 사람을 조사해야 한다는 부담감 등이 조사의 어려움을 가중시키는 것도 사실입니다. 실무적으로 이러한 노하우와 기법상의 문제는 변호사 등 외부 전문가의 도움을 받는 것이 필요하다고 생각합니다.

그러나 사실 확인 측면에서 내부조사의 실효성은 분명합니다. 먼저 내부조사는 수사에 비해 훨씬 많은 재량이 인정된다는 점에서 그렇습니다. 실무상 임직원의 부정행위에 직면한 기업은 부정행위자에 대한 형사처벌보다는 인사 조치 및 재발방지 대책 수립에 더 관심을 보이는 경우가 많습니다. 따라서 부정행위자가 사실관계 확인에 조력할 경우 형사 조치를 취하지 않고 인사 조치에 그치는 경우도 많습니다.

또한 부정행위자 역시 본인의 비협조로 조사가 제대로 진행되지 않을 경우 결국 수사 절차로 이전될 수밖에 없다는 사실을 잘 알고 있기 때문에 조사에 협조하고 퇴사하는 길을 선택하는 경우가 대부분입니다.

이처럼 협상을 통해 해결할 여지가 있다는 점은 내부조사의 실효성을 높이는 요소입니다. 물론 이와 같이 형사적 책임을 묻지 않기로 합의하는 것이 과연 정당한 것인가에 대한 의문이 제기될 수도 있겠습니다만 현실적인 대안이라는 점은 무시할 수 없습니다.

수사기관이라고 모든 사실관계를 밝힐 수 있는 것도 아니고 얼마나 강한 의지를 갖고 수사를 해 줄지도 알 수 없는 상황에서 협상을 통해 문제의 원인과 경위를 확인하여 재발방지대책을 수립하고 인사 조치로 마무리하는 것이 오히려 합리적인 선택인 경우도 있기 때문입니다.

다음으로 내부조사는 수사에 비해 증거 확보 측면에서도 유리합니다. 최근 압수수색 절차에 대한 사법적 통제와 기업 정보보안이 강화되면서 기업의 협조 없는 압수수색이 제대로 진행되기 어려운 실정입니다. 또한 정식 수사가 진행될 경우 형사처벌에 대한 우려로 당사자들이 수사에 비협조적으로 나올 가능성도 높습니다. 예를 들어 내부조사에서는 가담 정도가 경미한 공범의 경우 진상을 밝히고 조사에 협조할 경우 문제 삼지 않는 것도 가능하지만 수사기관의 경우에는 원칙적으로 이러한 식의 처리가 불가능하기 때문입니다.

이와 같이 내부조사는 다양한 협상의 여지가 있을 뿐만 아니라 기업 스스로 보관하고 있는 다양한 정보에서 증거를 찾을 수 있다는 점에서 오히려 진실 발견이 용이하다고 할 수 있습니다.

또한 수사 절차는 아무래도 상당한 시간이 소요될 수밖에 없고 그만큼 증거 확보 및 핵심 참고인들의 진술 확보가 어려워질 수밖에 없습니다. 그러나 내부조사는 사건인지 직후 신속한 조사에 착수할 수 있다는 점에서도 유리합니다.

마지막으로 실제 내부조사 외에 다른 대안을 찾기 어려운 경우가 많다는 점도 고려하지 않을 수 없습니다. 부정행위가 의심된다고 무턱대고 수사기관을 찾다가는 오히려 무고로 처벌받을 수도 있을 뿐만 아니라 어떤 경우에도 최소한의 사실관계 확인을 위한 자체조사는 반드시 필요하기 때문입니다.

내부조사는 앞서 말씀드린 여러 가지 어려움이 있습니다. 그러나 이는 기업에 필요한 필수적 업무이며 효과 역시 기대 이상이라는 점은 그간 실무적 경험을 통해 충분히 확인된 사실입니다.

따라서 이러한 논쟁보다는 사전적으로 내부조사 절차를 구비하고, 담당 임직원들에게 다양한 교육 기회를 제공하는 등 실무적 지식을 습득하게 하여 좀 더 내실 있는 조사가 될 수 있도록 하는 것이 중요하다고 하겠습니다.

09 수사와 내부조사가 병행될 경우의 주의사항

　내부조사는 수사 또는 행정기관의 조사와 함께 진행되는 경우가 많습니다. 횡령, 배임 또는 담합이 있었다는 내부고발 내지 신고가 있을 경우 경찰, 검찰과 공정거래위원회의 수사 및 조사가 시작되는 경우가 대부분입니다.

　국가기관의 수사 또는 조사(이하 수사라고 통칭하겠습니다.)와 내부조사는 그 주체, 목적 등이 다르다는 점에서 수사 중이라는 이유로 내부조사가 불필요하거나 중단되어야 하는 것은 아닙니다. 내부조사는 기업 스스로 문제의 원인과 경위를 밝혀 기업 질서를 회복하고 준법경영을 달성하기 위한 고유한 목적에서 수행되는 것으로 범죄 입증을 위한 수사와는 구분되는 것이기 때문입니다.

　그런데 여기서 한 가지 어려운 문제가 발생합니다. 수사기관 내지 국민의 여론은 이러한 기업의 내부조사가 정말 믿을 만한 것인지에 대해 의심의 눈길을 보내기 때문입니다. 즉 내부조사를 빙자하여 오히려 사건의 진상을 은폐하고 책임을 모면할 방법을 찾고 있는 것 아니냐는 의혹이 제기될 수도 있다는 것입니다.

사실 이러한 여론과 수사기관의 시선을 무조건 잘못된 것이라고만은 할 수 없다는 것이 안타까운 일이기도 합니다. 그간 일부 기업들이 불법행위를 은폐하고 책임을 모면하기에 급급한 모습을 보여 왔던 것도 사실이기 때문입니다. 아무리 시대가 바뀌고 준법경영이 강조된다고 하여도 과거의 잘못된 관행에 대한 부정적 시각은 여전히 존재할 수밖에 없습니다.

이 문제는 앞으로 기업의 부정부패 및 각종 사건·사고에 대한 인식 전환이 필요하다는 점과 관련이 있습니다. 더는 부정부패를 감추고 비호하려는 시각으로 접근하지 말아야 한다는 것입니다. 오히려 수사기관보다 더 강도 높고 진정성 있는 조사를 통해 원인을 규명하고 책임자에 대한 법적 책임을 물어야 합니다. 이러한 태도야말로 기업을 진정한 위기 극복으로 이끄는 지름길입니다.

"재능은 성패를 가르지만, 덕은 흥망을 좌우한다."라고 합니다. 부정부패로 일시적인 이익을 얻을 수 있을지는 모르지만 이는 결국 엄청난 위기를 초래하는 시한폭탄이라는 점을 잊지 말아야 합니다. 부패를 대하는 기업의 자세가 변화할수록 내부조사가 진술 조작과 증거 인멸의 수단이라는 오해에서 벗어날 수 있을 것입니다.

많은 기업이 이를 위해 조사를 외부에 위탁하거나 외부 전문가와 공동 조사를 실시하는 입장으로 선회하고 있습니다. 또한 해외에서는 공권력에 의한 해결보다는 기업에 인센티브를 부여하여 기업의 자체조사 및 수사 협조를 이끌어내는 것에 정책을 집중하고 있습니다.

우리 역시 수사기관에만 의존하지 말고 기업의 적극적인 내부 조사와 수사 협조 및 이를 통한 제도 개선이 가능하도록 국가 제도적으로 뒷받침해 주는 방안을 신중히 검토할 때가 되었다고 생각합니다.

따라서 수사와 내부조사가 병행할 경우, 기업 스스로 증거보전에 주력하고, 수사에 적극 협조하여 증거 인멸 내지 수사 방해 등의 오해를 사지 않도록 최선의 노력을 다해야 할 것입니다. 또한 내부조사 결과를 공표하거나 대상자에 대해 법적 조치를 할 경우 수사기관과 사전에 협의를 하고 그 내용을 공유하는 등 원활히 소통하는 것이 필요하다고 하겠습니다.

다만, 수사기관 등의 자료 제출 요구에 대해서는 최대한 협조하되 제3자와의 관계에서 해당 기업의 주요 기밀이나 관련자의 사생활 보호가 문제 되는 경우에는 압수수색 영장에 기초하여 제출하는 것을 원칙으로 해야 할 것입니다. 자칫 이를 소홀히 할 경우 제3자에 대해 법적 책임을 부담하게 될 수도 있기 때문입니다.

압수수색과 피압수자의 권리

1) 개요

내부조사와 수사가 함께 진행될 경우 수사기관으로부터 압수수색을 당하게 되는 경우가 많습니다. 범죄 혐의 입증을 위한 가장 강력한 수단이 바로 압수수색이며 수사의 성패를 좌우하는 것 역시 압수수색이기 때문입니다.

언론 보도에 따르면 2017년 발부된 압수수색영장만 해도 20만 1,726건에 이른다고 합니다.[22] 이는 산술적으로 하루에 무려 552건의 압수수색영장이 발부되고 있다는 말이 됩니다. 대한민국은 전국 각지에서 매일같이 압수수색이 벌어지고 있다고 해도 과언이 아닙니다.

그럼에도 불구하고, 국민 대부분은 압수수색을 당할 때 어떤 점에 유의해야 하고 어떤 권리가 있는지 잘 모르고 있는 것이 현실입니다. 최근 압수수색이 정보 저장매체와 디지털정보에 집중되면서 그 법리 해석과 절차가 복잡해진 것은 이러한 문제를 더

---

22) http://news.chosun.com/site/data/html_dir/2018/11/19/2018111900184.html

욱 가중시키고 있습니다.

그러나 압수수색이 국민의 사생활과 재산권에 미치는 영향을
고려해 보면 압수수색의 기본원칙과 피압수자의 권리가 무엇인
지 정도는 알고 있어야 한다고 생각합니다. 또한 압수수색 절차
에 대한 이해는 내부조사를 위해서도 필요합니다. 내부조사를 위
한 증거수집 절차에도 원용할 만한 기준들을 제공해 주기 때문입
니다. 영장에 의한 압수수색에도 피압수자의 인권보호를 위한 다
양한 제도적 장치들이 마련되어 있다는 점은 내부조사에서도 유
념해야 할 부분입니다.

이에 다음에서는 압수수색의 법적 근거와 피압수자의 권리 및
유의사항에 대해 살펴보도록 하겠습니다.

2) 압수수색의 정의와 법적 근거

압수는 물건의 점유를 취득하는 강제처분을 말하며, 수색은 압
수할 물건을 발견할 목적으로 주거, 물건, 사람의 신체 또는 기타
장소에 대하여 행해지는 강제처분을 의미합니다.

누구든지 법률에 의하지 아니하고는 체포, 구속, 압수, 수색 또
는 심문을 받지 아니하며, 체포 구속 압수수색을 할 때에는 적법
한 절차에 따라 검사의 청구에 의하여 법관이 발부한 영장을 제
시하여야 합니다(「헌법」 제12조).

검사는 범죄수사에 필요한 때에는 지방법원 판사에게 청구하여 발부받은 영장에 의하여 압수수색을 할 수 있고, 사법경찰관도 검사에게 신청하여 검사의 청구로 지방법원 판사가 발부한 영장에 의하여 압수수색을 할 수 있습니다(「형사소송법」 제215조).

대법원은 압수할 물건으로 기재되지 않은 물건의 압수, 영장 제시 절차의 누락, 압수목록 작성·교부 절차의 현저한 지연 등은 적법절차의 실질적인 내용을 침해한 경우로 압수물 자체를 위법수집 증거로 만드는 사유라고 해석하고 있습니다.[23] 따라서 절차상 위법이 있는 압수수색으로 확보한 증거는 증거로 사용할 수 없습니다.

3) 법령 및 판례상 인정되는 피압수자의 권리

(1) 영장에 의한 압수수색

검사 및 사법경찰관은 압수수색 영장에 기재된 범죄사실과 관계가 있다고 인정할 수 있는 물건 등에 한하여 압수할 수 있습니다(「형사소송법」 제215조, 제106조, 제109조). 따라서 피압수자는 압수 대상 물건 등이 범죄사실과 관련이 있는지 확인하여야 하며, 관련 없는 물건 등은 압수를 거부할 수 있습니다.

---

23) 대법원 2007. 11. 15. 선고 2007도3061.

영장 범죄사실과 무관한 물건 등을 압수한 경우 이는 위법수집 증거에 해당하여 법정에서 증거로 사용할 수 없습니다. 수사기관이 이를 피압수자에게 돌려주었다가 다시 임의 제출받은 경우에도 수사기관이 우월적 지위를 이용하는 등 임의제출이라고 보기 어려운 경우에는 이 또한 위법수집증거로서 증거능력이 부정됩니다.[24]

또한, 압수수색 영장에는 압수수색의 대상, 장소, 방법, 시간 등 다양한 한계가 규정되어 있으며 그러한 한계를 벗어나는 압수수색은 허용되지 않습니다. 따라서 피압수자는 압수수색이 가능한 시간, 물건, 장소, 방법 등을 확인해야 하며 의문이 있을 경우에는 변호인의 조력을 받을 수 있습니다.

하급심 판결 중에는 압수수색 절차가 진행 중인 장소에 일시적으로 가지고 온 서류는 영장에 기재된 압수 대상물인 '보관 중인 물건'에 해당하지 않는다는 이유로 압수된 서류의 증거능력을 부정한 사례도 있습니다. 이와 같이 법원은 압수수색 절차의 적법 요건을 엄격하게 해석하고 있습니다.[25]

(2) 영장열람권

압수수색 영장은 처분을 받는 자에게 반드시 제시하여야 하며 (「형사소송법」 제118조), 제시는 법관이 발부한 영장에 의한 압수수

---

24) 대법원 2016. 3. 10. 선고 2013도11233 판결.
25) 광주고등법원 2008. 1. 15. 선고 2007노370 판결.

색이라는 사실을 확인해 주는 것에 그치는 것이 아니라 「형사소송법」이 압수수색영장에 필요적으로 기재하도록 정한 사항이나 그와 일체를 이루는 사항을 충분히 알 수 있도록 제시하여야 한다고 해석되고 있습니다.[26] 따라서 이는 열람권으로 해석함이 상당합니다.

또한 제시는 1회에 그치는 것이 아니라 압수 물건 소지자들 각자에게 영장을 제시하여야 한다는 것이 대법원의 입장입니다.[27] 다만, 영장을 제시할 피압수자가 현장에 없거나 현장에서 발견할 수 없는 등으로 영장 제시가 불가능한 경우에는 영장을 제시하지 아니한 채 압수수색하더라도 위법하다고 볼 수 없다는 것이 판례의 입장입니다.[28] 압수수색을 당했다고 해서 자리를 피하는 것은 오히려 불리할 수 있다는 점에 유념할 필요가 있습니다.

(3) 변호인 등 참여권

변호인은 압수수색영장의 집행에 참여할 수 있습니다(「형사소송법」 제121조, 제122조). 최근 압수수색영장의 집행은 법률전문가들마저도 이해하기 어려울 정도로 복잡하고 다양한 쟁점들이 내포되어 있어 일반인이 영장을 이해하고 대응한다는 것은 사실상 불가능에 가깝습니다. 압수수색영장 집행 과정에서 피압수자에게

---

26) 2017. 9. 21. 선고 2015도12400.
27) 2017. 9. 21. 선고 2015도12400.
28) 대법원 2015. 1. 22. 선고 2014도10978 판결.

인정되는 권리의 핵심으로 변호인 참여권 및 조력을 받을 권리가 언급되는 것도 이러한 이유에서입니다.

(4) 압수 대상 및 방법의 제한

최근 압수수색 영장에는 '압수대상 및 방법의 제한'이라는 문서가 반드시 첨부되어 있습니다. 이것은 법원에 의해 제시된 일종의 가이드라인으로 수사기관은 압수수색 과정에서 이를 반드시 준수해야 합니다. 주된 내용을 요약하면 다음과 같습니다.

① 문서에 대한 압수 방법

수사기관이 출력물 등 문서를 압수하는 경우에는 사본하여 압수하는 것이 원칙입니다. 따라서 피압수자는 원본이 아닌 사본을 압수할 것을 요구할 수 있습니다. 다만 사본 작성이 불가능하거나 협조를 얻을 수 없는 경우 또는 문서의 형상, 재질 등에 증거가치가 있어 원본의 압수가 필요한 경우에는 예외적으로 원본을 압수할 수 있으나 이 경우에도 원본의 압수를 계속할 필요가 없는 경우에는 사본 후 즉시 반환하도록 규정하고 있습니다.

② 전자정보에 대한 압수 방법

컴퓨터, USB 등 정보 저장매체는 그 안에 저장된 정보 중 범죄사실과 관련된 전자정보만을 범위를 정하여 문서로 출력하거나

수사기관이 휴대한 저장매체에 복제하는 방법으로 압수하는 것
이 원칙입니다(『형사소송법』 제106조 제3항). 따라서 정보 저장매체
자체의 압수나 외부 반출은 원칙적으로 허용되지 않습니다. 쉽게
말해서 컴퓨터나 USB 등을 통째로 압수하는 것은 허용되지 않
는다는 것입니다.

다만, 일정한 예외사유[29]에 해당하는 경우에는 정보 저장매체
자체 내지 이미징 파일(원본과 동일한 복사본)을 외부 반출할 수 있
으나 이 경우에도 반드시 해당 매체를 봉인하여야 하며 반출 이
후 피압수자 등의 참여권을 보장한 가운데 원본을 개봉하여 복제
본을 획득할 수 있고 복제본 획득 후 지체 없이 원본을 반환하되,
특별한 사정이 없는 한 원본 반출일로부터 10일을 도과할 수 없
습니다. 반출일로부터 10일 내에 반환하도록 한 것은 피압수자의
방어권 보장을 위한 것으로 이 또한 간과하기 쉽지만 중요한 절
차적 권리입니다.

또한 봉인 및 개봉은 물리적인 방법 또는 수사기관과 피압수자
등 쌍방이 암호를 설정하는 방법 등에 의할 수 있고, 복제본을
획득하거나 개별 전자정보를 복제할 때에는 해시 함숫값의 확인
이나 압수수색 과정의 촬영 등 원본과의 동일성을 확인할 수 있
는 방법을 취해야 합니다. 이는 수사기관의 임의로 접근하는 것
을 막기 위한 조치입니다.

---

29) 이러한 예외사유로는 '피압수자 등이 협조하지 않거나, 협조를 기대할 수 없는 경우, 협
의사실과 관련된 개연성이 있는 전자정보가 삭제 폐기된 정황이 발견되는 경우, 출력·복
제에 의한 집행이 피압수자 등의 영업활동이나 사생활의 평온을 침해하는 경우' 등이 인
정되고 있습니다.

아울러 정보 저장매체 자체 또는 이미징 파일을 수사기관이 외부 반출한 후 최종적으로 범죄사실과 관련된 정보를 특정하여 해당 파일만 복제, 출력하고 나머지는 반환 또는 폐기하는 일련의 과정 역시 전체적으로 압수수색 영장 집행의 일환으로 보아야 하므로 피압수자 또는 변호인의 계속적인 참여권을 보장해야 한다는 것이 대법원의 입장입니다.[30]

특히 대법원은 1차 영장에 기초하여 압수수색하는 과정에서 별건 범죄사실과 관련된 정보가 확인되어 이를 위한 새로운 영장을 발부받은 경우에도 1차 영장에 의한 압수수색 참여권이 보장되지 않았다면 비록 새로운 영장을 발부받았다고 하더라도 별건 범죄사실 관련 증거는 증거능력이 부정된다고 판단하였습니다.[31] 이와 같이 현재 대법원은 압수수색 과정에서의 적법절차를 매우 엄격하게 요구하고 있습니다.

(5) 압수수색 종료 후의 권리

수사기관은 압수수색이 종료하면 압수한 물건에 대한 목록을 작성, 교부하여야 합니다(「형사소송법」 제129조).

수사기관은 압수를 계속할 필요가 없는 압수물은 사건 종결 전이라도 환부하여야 하고, 몰수 대상이 아닌 증거에 사용할 압수물로서 소지자가 계속 사용해야 할 물건은 사진 촬영 및 기타 원

---

30)　대법원 2011. 5. 26. 2009모1190.
31)　대법원 2015. 7. 16. 2011모1839.

형 보존의 조치를 취하고 신속히 가환부하여야 합니다(「형사소송법」제133조).

피압수자는 수사 중이라도 압수물을 업무상 계속 사용할 필요가 있을 경우, 수사기관에 사본 등으로 원형 보존을 한 후 반환해 줄 것을 청구할 수 있습니다.

특히 정보 저장매체의 압수수색의 경우 혐의사실과 관련된 전자정보의 탐색·복제·출력이 완료된 후에는 지체 없이 피압수자 등에게 압수 대상 전자정보의 상세 목록을 교부해야 하며 그 목록에서 제외된 전자정보는 삭제·폐기 또는 반환하고 그 취지를 통지하여야 합니다. 간혹 압수수색이 종료한 후에도 범죄사실과 무관한 각종 전자정보를 수사기관이 그대로 보유하고 있거나 심지어 이를 다른 사건 수사에 활용하는 경우까지도 발생하고 있습니다. 압수수색 종료 후 범죄사실과 무관한 자료는 반환받거나 폐기되도록 조치할 필요가 있습니다.

아울러 한번 영장 집행이 종료되면 해당 영장은 실효되므로 같은 영장을 재집행할 수 없습니다. 간혹 이미 집행이 종료한 영장으로 다시 압수수색을 시도하는 경우도 있으므로 유의할 필요가 있습니다.

(6) 기타

압수수색 종료 후 피압수자나 사건 관련자들에게 수사관서에 동행해 줄 것을 요구하는 경우가 있습니다. 이와 관련하여 대법원은 만일 사실상 강제 연행 방식으로 조사를 하고 진술서나 진술서를 받을 경우에는 위법수집증거에 해당하여 증거능력이 부정된다고 해석하고 있으니 참고하시기 바랍니다.[32)

4) 압수수색 유의사항: 최소한 이것만은 기억하자

이상에서 말씀드린 내용을 기초로 압수수색을 당했을 때 반드시 알고 있어야 할 피압수자의 권리와 유의사항을 요약하면 다음과 같습니다.

첫째, 수사기관은 압수수색 영장에 기재되어 있는 범죄사실과 관련된 것만 압수할 수 있습니다. 따라서, 피압수자는 수사기관이 범죄사실과 관련 없는 물건을 압수하려고 할 때 이의를 제기할 수 있습니다.

둘째, 압수수색 영장을 집행하기 위해서는 반드시 피압수자에게 영장을 제시하고 그 내용을 보여주어야 합니다. 그래야 범죄사실이 무엇인지 알 수 있고 자신의 권리를 행사할 수 있기 때문입니다.

셋째, 변호인의 조력을 받을 권리가 있습니다. 일반인의 경우 영장의 내용을 이해하고 대응하기 어렵기 때문에 법률전문가의

---

32)   대법원 2011. 6. 30. 선고 2009도6717.

조력을 통해 자신의 권리를 행사할 수 있도록 한 것입니다. 또한 법률상 변호인은 압수수색에 참여할 권리도 인정됩니다.

넷째, 컴퓨터 등 정보 저장매체 자체를 압수하는 것은 원칙적으로 금지됩니다. 수사기관은 정보 저장매체에 저장되어 있는 개개의 파일 중 범죄사실과 관련된 부분만을 압수할 수 있습니다. 이는 사생활의 비밀이 부당하게 침해되거나 별건 수사를 위해 악용되는 것을 막기 위한 것입니다.

다섯째, 디지털 정보가 아닌 출력물 등 문서의 경우에는 사본하여 압수하는 것이 원칙입니다. 원본이 압수될 경우 방어권 행사에 지장을 초래할 수 있다는 점을 고려한 것입니다. 따라서 원본을 압수하고자 할 때는 사본하여 압수할 것을 요청할 수 있습니다.

여섯째, 휴대폰의 경우 영장에 압수할 수 있다고 명시되어 있어야 압수가 가능합니다. 휴대폰을 요구할 경우 영장을 확인해야 합니다.

압수수색을 당하면 대부분 놀라고 당황해서 수사기관의 일방적인 요구에 따르게 되는 경우가 많고, 그 과정에서 범죄사실과는 무관한 사생활 정보나 기업의 기밀이 공개되어 문제가 되곤 합니다. 실무에서는 심지어 압수수색 영장을 근거로 수사기관이 수시로 회사 전산망에 접속할 권한을 요구하는 황당한 경우까지도 있습니다. 이런 점을 고려할 때 압수수색을 당했을 때는 가급적 변호인의 조력을 받는 것이 필요하다고 하겠습니다.

11 내부조사 비용과 관련된 문제

내부조사는 상당한 비용이 소요됩니다. 적게는 출장비, 교통비 등 조사에 필요한 실비로부터 변호사 등 외부 전문가에 대한 자문 비용 등 여러 가지 비용이 발생합니다.

이와 관련하여 최근 가장 큰 비용으로 대두되고 있는 것이 조사대상 데이터의 수집, 분석 및 리뷰(검토) 비용입니다. 관련 분야 전문가에 따르면 미국의 증거개시제도인 e-discovery의 경우 데이터의 특정, 보전, 추출, 분석 및 호스팅 비용 등 리뷰 실시 전 비용이 1기가바이트당 100만 원에서 150만 원 소요되고, 이와 같은 처리 후 리뷰에 걸리는 시간은 1기가바이트당 40시간에서 많게는 170시간까지 소요된다고 합니다.[33]

내부조사 역시 관련자들의 컴퓨터, 정보 저장매체, 이메일 등을 수집하여 이를 처리하고 열람 및 조사하는 것이 주된 업무 중 하나라는 점에서 디스커버리에 상응하는 비용이 들어갈 수도 있고 실제로도 상당한 비용이 들어가고 있습니다. 분석하고 조사해

---

33)　모리모토 마사히로, 『디스커버리』, 도서출판 가연, 2014.

야 할 대상이 폭증하고 있기 때문입니다. 따라서 조사 대상 데이터의 총량을 최소화하면서도 효율적으로 관련 증거를 찾는 노하우가 무엇보다 중요합니다.

사실 내부조사는 디스커버리와는 접근방법이 다르고, 단 한 개의 이메일이라도 진상을 규명할 수 있는 확실한 증거만 찾으면 된다는 점에서 조사 전문가의 도움을 받는 편이 훨씬 효율적일 수 있습니다. 아무래도 조사 경험이 많다 보니 사안에 대한 이해와 직관을 통해 의외로 쉽게 관련 증거를 찾아내는 경우가 많기 때문입니다.

또한 외부 전문가와 사내감사팀 등과의 협업을 통해 비용을 줄이는 방안도 생각해 볼 수 있습니다. 변호사 등 외부 전문가는 부정행위자에 대한 심문 및 최종 사실인정을 담당하고, 기타 관련자 면담, 증거수집 및 조사는 사내조사팀이 진행하거나, 특히 많은 양의 이메일 등 자료 검토가 필요할 경우에는 그 역할을 변호사가 아닌 패러리걸(법률사무보조원) 등을 활용하는 방안 등도 생각해 볼 수 있습니다.

기업마다 조사 방식과 관련하여 나름의 방법과 노하우가 있으리라 생각됩니다만, 이렇듯 내부조사는 다양한 전략과 대안이 가능한 분야이므로 효율적인 진행을 위해 가급적 시작 단계에서부터 내부조사 경험이 많은 전문가와 상담하는 것이 중요하다는 점을 말씀드리고 싶습니다.

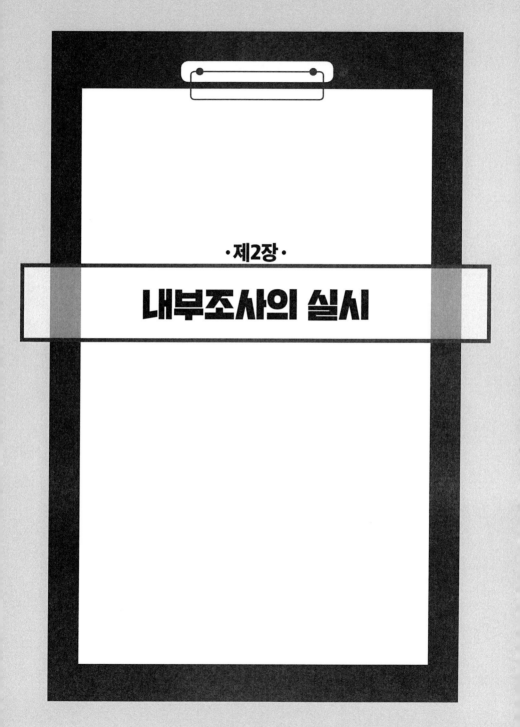

·제2장·

내부조사의 실시

내부조사의 기본 흐름

내부조사는 내부고발이나 익명의 제보에 의한 경우, 언론 보도나 우연한 기회에 부정행위를 알게 되는 경우 등 다양한 계기로 촉발되며 사건의 유형도 각양각색이라서 사안에 따라 그 절차와 방법을 잘 기획하는 것이 중요합니다. 다음에서는 내부고발에 따른 내부조사의 경우를 전제로 그 절차의 대강을 말씀드리도록 하겠습니다.

	내부조사	수사
1	내부고발 접수	고소, 고발장 접수
2	조사팀 구성	사건 배당
3	조사계획의 수립	수사계획의 수립
4	증거수집 및 보전	압수수색 등 증거 수집
5	증거분석 및 조사	수집된 증거의 분석 및 증거조사
6	관련자 면담, 심문	피의자신문, 참고인조사
7	현장조사	현장검증 내지 탐문조사
8	사실인정 및 조사 결과 보고	사실인정 및 법리적용, 수사결과 보고
9	후속 조치	송치 내지 기소 여부 판단
10	재발방지 대책 수립 및 시행	

이상의 절차는 사안에 따라 그 순서에 다소 변화가 있을 수 있고 병행되어 진행되는 경우도 있습니다만, 대부분의 내부조사에서 공통적으로 진행되는 핵심 절차를 예시한 것입니다. 참고로 수사 절차와 비교해 볼 수 있도록 내부조사에 대응하는 수사 절차를 기재해 두었습니다.

위에서 보시듯 내부조사는 수사 절차와 유사한 점이 많습니다. 또한 내부조사 업무는 철저한 보안 유지, 임기응변 능력, 적절한 인선 및 조사팀 구성, 피조사자의 인권보호, 디지털정보에 대한 이해와 수집 및 분석 능력, 논리적 판단력 및 분석력, 정확한 증거판단과 사실인정이 필요한 매우 전문적이며 많은 경험이 필요한 업무입니다.

이상의 개략적인 이해를 전제로 이하에서는 단계별로 상세한 내용을 살펴보도록 하겠습니다.

[내부조사는 정당한 명분이 있어야······.]

　내부고발, 언론 보도 등을 통해 부정행위 의혹이 제기된 경우 기업이 그 경위를 파악하고 대응 방안을 고심하는 것은 당연한 일입니다. 다만 그 방법을 어떻게 할 것이냐에 차이가 있을 뿐입니다. 이 경우 앞서 언급한 바와 같이 정해진 규정과 절차에 따라 사실 확인을 위한 조사에 착수하고 객관적이고 공정한 조사를 통해 인정된 사실관계에 따라 필요한 조치를 취하는 것이 원칙이라고 하겠습니다.

　임직원의 부정행위와 관련된 의혹이 제기될 경우 조사 결과에 따라서는 의혹이 제기된 사람 이외에도 그에 관여했거나 관리·감독을 소홀히 한 사람에게까지 그 책임 범위가 확대될 수 있고 반대로 그와 같은 조치로 인해 혜택을 받는 사람이 발생하는 등 사람마다 그 득실이 갈리고 기업은 그 여파로 한동안 몸살을 앓기 마련입니다. 따라서 이 경우 모든 의사결정 및 조치의 기준은 객관적인 사실에 기초한 것이어야 하며, 그래야 여파를 최소화하고 조사 결과에 대한 내부 구성원들의 동의를 이끌어 낼 수 있다고 할 것입니다.

　이와 관련하여 내부조사의 남용에 대해서도 생각해 볼 필요가 있습니다. 기업에 기업 질서 유지를 위한 지시·명령권 및 이를 위한 조사권이 인정된다고 하여도 이는 일정한 제한이 있을 수밖에 없습니다. 내부조사는 임직원의 기본권과 상충되는 측면이 있고 임직원에게 일반적인 복종의무를 요구할 수 있는 것도 아니기 때문입니다.

특히 문제 되는 것은 사적인 동기나 목적에서 보복성 조사가 이루어지는 경우입니다. 경영진의 뜻에 반하는 직원을 내쫓기 위한 목적에서 진행되는 감사 등을 예로 들 수 있을 것입니다. 사실 이러한 목적의 감사는 향후 이에 따른 해고 등 징계처분에 대한 법적 다툼에서 정당성을 인정받기도 어려울 뿐만 아니라 당사자들의 반발로 인해 내부조사의 정상적인 진행 자체가 불가능해지는 문제를 야기할 수도 있습니다.

한편 조사의 정당성이 인정되기 어려울 경우 조사 과정에서 발생하는 각종 사생활 침해에 대해 법적 책임을 져야 하는 문제도 발생할 수 있습니다. 당사자의 동의를 구하기도 어려울 뿐만 아니라 설령 동의가 있다 해도 추후 그 동의의 진정성과 효과에 대해 다투어질 가능성이 매우 높기 때문입니다.

따라서 내부조사 또는 감사 초기 단계에서 조사의 정당성에 문제가 없을지 신중한 검토가 요구되며 이를 위한 법적 검토 및 자문을 받을 필요가 있다고 하겠습니다. 정당성을 인정받기 어려운 수사가 국민에게 인정받기 어려운 것과 마찬가지로 내부조사 역시 기존 경영진의 이해관계만을 대변하거나 불공정한 조사가 실시될 경우 정당성을 인정받기 어렵고 그로 인해 기업이 더 큰 내홍에 시달리게 될 수도 있다는 점을 명심할 필요가 있습니다.

내부조사의 단서

1) 개요

내부조사의 단서는, 내부고발, 수사 및 행정당국의 조사 착수, 자진신고, 언론 보도뿐만 아니라 우연한 기회에 불법행위를 인지하는 경우 등 실로 다양합니다. 심지어 다른 직원의 노트북을 빌려 사용하다가 우연히 횡령 사실을 알게 된 직원의 제보로 내부조사가 시작된 사례도 있었습니다. 이렇듯 내부조사의 단서는 부정행위를 인지하게 되는 일체의 경우를 말한다고 할 수 있습니다.

이와 같이 부정행위 단서 내지 정보를 포착한 경우 초기 단계에서 중요한 것은 해당 정보의 신빙성을 평가하고 최초 알게 된 첩보 수준의 불완전한 정보를 보강할 수 있는 추가 정보를 수집하는 것입니다. 이 단계는 내부조사 단계라기보다는 그 필요성을 판단하기 위한 정보수집 및 제보의 신빙성 판단 단계라고 할 수 있습니다.

이 단계에서 특히 주의해야 할 사항은 정보관리 및 보안입니다.

익명 제보이거나 풍문, 일방적인 의혹 제기 수준에 불과한 단계에서 성급히 조사에 착수할 경우 거론된 당사자의 명예에 치명적인 타격을 줄 수 있을 뿐만 아니라 확인되지 않은 사실로 인해 기업 역시 돌이킬 수 없는 피해를 입을 수 있기 때문입니다. 이 단계에서 자칫 정보관리에 실패하여 대상자의 인적사항이 누설될 경우에는 추후 법적인 책임까지 부담하게 될 수도 있다는 점도 유념할 필요가 있습니다.

반면 제보와 풍문이 구체적이고 이미 외부에 알려져 공론화되었거나, 실제 피해자가 존재하는 등 신속한 사실 확인의 필요성이 높은 경우에는 정보의 신빙성에 대한 판단으로 시기를 놓치는 것보다는 가급적 빨리 정식 조사에 착수하여 정확한 사실관계 규명에 집중하는 것이 바람직하다고 하겠습니다.

2) 내부고발을 어떻게 볼 것인가?

조직의 문제점을 가장 잘 알고 있는 사람은 바로 내부 직원이라고 할 것입니다. 따라서, 기업의 부정행위를 막기 위한 가장 효과적인 수단은 내부고발을 활성화하는 것이며 이를 위해 가장 필요한 것은 내부고발자에 대한 보호 조치입니다.

실제 내부조사를 하는 과정에서 제보 전화, 속칭 핫라인을 설치하여 추가 제보 내지 자진신고를 받기도 하고, 경우에 따라서는 로펌 등 외부기관이 직접 제보를 받아 조사를 진행하는 경우도 있습니다.

그러나 실제 사건을 접하다 보면 여전히 내부고발자를 곱지 않은 시선으로 바라보는 경우가 많아 안타까운 마음이 들 때가 많았습니다. 기업과 조직의 은밀한 불법과 비위행위를 척결하는데 내부고발만큼 유용한 제도를 찾기 어렵다는 점에서 이제는 내부고발자에 대한 인식을 전환할 필요가 있다고 생각합니다.

현재 우리나라 내부고발자 보호를 위해 가장 기본이 되는 법률은 「공익신고자보호법」입니다. 또한 동법에 기초하여 국민권익위원에서 기업을 대상으로 법령의 이해를 돕고 기업의 자율통제시스템 지원을 위해 제정한 것이 '공익침해 자율예방을 위한 기업가이드'입니다.

「공익신고자보호법」은, 공익신고의 대상이 제한적이라는 점, 익명의 제보는 공익신고로 인정하지 않고 있다는 점 등 여러 가지 문제가 지적되고 있으나, 공익신고자에 대한 비밀 보장, 신변보호 조치, 인사상 불이익 금지, 보상금 지급 등의 조치를 취하도록 규정하는 등 직장 내 공익신고자가 보호받을 수 있는 여건을 조성하도록 규정하고 기업의 대표자 등을 공익신고 기관으로 인정하고 있다는 점 등은 큰 의미가 있습니다.

또한 최근 주목되고 있는 것은 공익신고의 변호사 대리제도입니다. 공익신고법(제8조의 2)에 따르면 공익신고자는 자신의 인적 사항을 밝히지 않고 변호사를 통해 공익신고를 할 수 있습니다.

이 경우 선임된 변호사를 통해 신고서, 증거자료, 위임장 등 관련 서류를 준비해 봉인한 뒤 권익위에 접수할 수 있으며 자료 제출, 의견 진술 등 전 과정을 변호사가 대신할 수 있습니다. 비록 아직 그 활용 빈도는 높지 않으나 공익신고 포상금의 증액 및 최근 논의되고 있는 공익신고자보호기금제도 등과 결합될 경우 공익신고 내지 내부고발의 활성화에 크게 기여할 것으로 예상됩니다.

아울러 국민권익위원회의 '공익침해 자율예방을 위한 기업 가이드'에 의하면, 기업은 공익신고처리체계를 구축하여 공익침해행위의 제거 및 예방을 위한 조치를 마련해야 합니다. 아울러 위 가이드라인은 공익신고의 접수방법, 처리 절차 및 신고자 보호에 관한 사항 등을 사규 등으로 구체화하여 실질적인 조치가 가능하도록 하고, 신고자가 안심하고 신고할 수 있도록 신고창구를 설치하고 이를 기업 외부에 위탁할 수 있다고 규정하고 있을 뿐만 아니라, 신고자의 비밀 보장 및 불이익 금지, 공익침해를 방지하기 위한 윤리규범 마련 및 교육, 기업문화 조성을 권고하고 있습니다.[34]

「공익신고자보호법」이 비록 공익신고의 대상 및 방법 등을 일부 제한하고 있으나, 기업은 이러한 공익신고만이 아니라 그 외 내부고발 및 익명 제보 등까지도 확대하여 보호하는 것은 얼마든지 가능하다는 점에서 좀 더 전향적인 자세가 요구된다고 하겠습니다. 참고로 국민권익위원회의 공익신고 처리규정안을 보면

---

34) 국민권익위원회, 공익침해자율예방을 위한 기업 가이드, 2018.

신고 대상으로 「공익신고자보호법」상 공익 침해행위뿐만 아니라 기타 법률 위반행위 또는 비윤리적인 행위 등도 포함하고 있어 그 적용 범위 확대를 전제하고 있습니다.

마지막으로 내부고발제도를 운용함에 있어 거래처 및 협력업체 등 관계사 임직원들로부터도 내부고발을 받는 창구를 마련하고 내부고발이 접수되었을 경우 비밀을 유지하고 불이익한 조치를 취하지 않도록 할 필요가 있다는 점을 강조하고 싶습니다.

물론 제3자로부터 신고를 접수할 경우 예상되는 부작용도 적지 않은 것이 사실입니다. 특정 개인이나 경쟁업체에 대한 음해성 고발이 있을 수도 있기 때문입니다. 그러나 이는 결국 제보의 신빙성 등을 신중히 판단함으로써 해결해 나갈 문제이며, 이를 통해 거래처 등과의 부정한 거래를 차단하는 것이 더 중요하다는 점에서 이를 적극 활용할 필요가 있다고 생각합니다. 사실 이러한 제도의 도입만으로도 상당한 예방효과가 있다는 점에서도 충분히 검토할 가치가 있습니다.

03 | 조사 주체의 선정

내부조사에 착수하기로 한 경우 실무적으로 가장 먼저 문제 되는 것은 조사 주체를 누구로 할 것인가 하는 점입니다. 이것은 조사대상 행위의 성격과 파급력, 다양한 사내 이해관계 등을 고려해야 할 뿐만 아니라 경우에 따라서는 거래처, 여론 및 감독 당국의 설득까지도 고려해야 하는 어려운 문제입니다.

조사주체는 크게 세 가지 유형으로 나누어 볼 수 있습니다. 사내조사팀을 활용하는 형태, 외부 전문기관에 조사를 위탁하는 형태, 사·내외 인사로 구성된 조사 위원회 방식의 공동조사 형태가 그것입니다.

먼저 사내조사팀을 통한 조사는 경미한 사안에 적합한 방식으로 일반적인 조사에서 흔히 활용되는 방식입니다. 나머지 외부기관 위탁 조사 및 공동 조사 방식은 사안이 비교적 중하고 사회적 파급력이 커서 조사의 객관성과 중립성 확보가 중요한 경우 활용됩니다. 두 경우 모두 조사 수행기관 및 참여하는 외부 전문가의 선정이 조사 결과의 공정성 및 신뢰성을 확보하는데 결정적이라고 할 수 있습니다.

사내조사팀을 활용하는 경우, 참여 부서로는 먼저 준법, 감사, 법무, 인사를 생각해 볼 수 있습니다. 사안에 따라서는 재무, 홍보 등 다양한 부서의 구성원들이 팀에 추가될 수도 있습니다.

최근에는 기업 정보전산화로 인해 IT 팀이 관여하는 것이 일반적입니다. 대부분의 증거자료가 디지털 형태로 저장, 관리되고 있어 증거 소재 파악 및 수집에 IT 인력의 도움이 필수적이기 때문입니다.

실제 조사를 담당할 인력은 사안에 대한 이해 및 보고를 위한 기본적인 능력을 보유하고 있어야 한다는 점은 당연합니다. 그러나 그 못지않게 중요한 것이 공정성과 객관성이 의심되지 않아야 한다는 점입니다.

내부조사가 활발한 미국의 경우, 중립적이고 객관적인 조사자 선정을 위해 '내부조사 사건관리 설루션(Investigative case management solution)'을 통해 사안의 성격 및 위험 정도 등 다양한 요소를 고려하여 적정한 조사관을 자동적으로 지정하는 방식을 택하고 있을 정도입니다.

부정행위자는 물론이거니와 그의 상사, 부하, 조사대상자와 이해관계가 있는 사람이거나 사적으로 가까운 사람 등은 조사팀에서 제외하는 것이 바람직합니다. 내부조사 결과에 따라서는 부정행위의 구조적 원인을 제공하거나 관리·감독을 소홀히 하여 책임을 지는 사람이 발생할 수도 있으므로 이러한 점까지도 조사팀 구성에 고려할 필요가 있습니다.

다음으로 조사절차의 합법성을 확보하고 업무 전반에 대한 법적 검토가 필요하다는 점을 고려할 때 법률전문가가 조사 전반을 주도하거나 관여하도록 하는 것이 바람직합니다.

또한 조사자를 선정할 때 사안의 성격을 고려해야 합니다. 예를 들어 직장 내 성희롱 사건에서 피해자를 남성이 단독으로 조사하는 것은 적절하지 않습니다. 부정행위자와 친분이 있거나 그 소속 상사 등이 조사팀에 관여하는 것 역시 보안 유지 및 공정성 확보라는 측면에서 권장할 만한 일이 아닙니다.

사내조사팀을 통해 조사를 진행하는 경우에도 제한적인 범위에서 외부 전문가가 관여하게 되는 경우가 있습니다. 예를 들어 컴퓨터, 휴대폰에서 삭제된 정보를 복구하거나 증거를 획득하기 위해 디지털 포렌식 전문가의 도움을 받아야 하거나, 문제의 원인 규명을 위해 외부 전문가의 감정을 거쳐야 하는 경우 등을 생각해 볼 수 있습니다. 이 경우 특히 유의할 것은 정보관리 및 보안 유지입니다. 제3자에게 자료가 제공되는 경우에는 비밀유지 계약을 체결하는 등 정보 관리 및 보안 유지를 철저히 하는 것이 중요합니다.

조사팀에는 충분한 인적, 물적 지원이 있어야 합니다. 내부조사는 조사 업무뿐만 아니라 조사 일정 협의 및 전문가 의견 청취, 감독 당국과의 조율, 보고서 작성, 언론 대응 등 매우 강도 높은 업무가 진행될 수밖에 없습니다. 이러한 업무를 효율적으로 수행하기 위해서는 충분한 지원이 이루어져야 하며 특히 주요 의사결정을 해야 하는 책임자의 경우 조사의 효율적 지휘·감독에 방해가 되지 않도록 다른 업무를 배제하고 조사에 집중할 수 있게 해줄 필요가 있습니다.

다음으로 조사를 외부 전문기관에 위탁하는 경우를 살펴보겠습니다. 먼저 외부 전문기관에 조사를 위임하는 것은, 조사의 객관성 및 공정성을 인정받기 쉽다는 점, 조사 경험 및 노하우가 풍부하다는 점, 조사 과정에서의 법적 리스크를 관리하고 향후 법적 분쟁에 대비하기 쉽다는 점에 장점이 있다고 할 수 있습니다.

특히 사회적으로 물의를 일으킨 사건의 경우 진정성 있는 조치를 통해 여론을 설득하고 기업의 신뢰를 회복하기 위한 방안으로 조사 자체를 외부 기관에 위탁하는 경우가 많으며 국내에서도 점점 그 활용이 늘고 있습니다.

이와 관련하여 외부 전문기관에 의한 조사를 위해서는 내부 반발에 대비하여 사전에 조사 대상, 범위, 기간 및 조사 권한 등에 대한 충분한 협의가 필요하다는 점을 주의해야 합니다. 조사 대상자 내지 이해관계인들이 조사에 반발을 하거나 비협조적으로 나올 가능성을 배제할 수 없고 기업과 조사기관 간에 의견 충돌이 있을 수도 있기 때문입니다.

마지막으로 조사 위원회 등을 구성하는 공동 조사 방식은 앞서 언급한 두 가지 방식의 성격을 모두 갖고 있으므로 사안에 따라 각각의 경우를 참고하시면 될 것입니다. 공동 조사 방식은 누가 조사를 주도할 것인지, 사내·외 인력의 역할을 어떻게 분담할 것인지에 따라 다양한 방태로 운영될 수 있다는 장점과 함께 조사의 효율성을 높이면서도 객관성과 공정성을 어느 정도 확보할 수 있다는 점에서 실무상 활용도가 높은 방식이라고 할 수 있습니다.

[사례를 통해 본 조사자 선정의 중요성]

2017년 말 모 기업에서 발생한 성폭행 사건은 세간의 큰 주목을 끌었습니다. 위 사건은 최초 발생한 사건보다 사건을 조사하던 직원의 조사 방식과 태도가 더 큰 문제를 야기하였던 사건입니다.[35]

언론 보도에 따르면 당시 사건을 담당한 직원은 피해자에게 처벌이나 징계를 원하지 않는다는 답변을 요구하고 심지어 피해자를 따로 만나 사적인 친근감을 표시하거나 성행위와 관련된 언급을 하였다고 합니다.

이러한 피해자의 주장이 사실이라면 피해자는 아마 사건 그 자체보다 조사담당자의 이러한 태도에 더 큰 충격과 실망을 느꼈을 것이라고 생각합니다. 또한 이는 피해자에 대한 중대한 불법행위에 해당합니다. 이렇듯 조사 담당자의 잘못된 조사 방식과 태도는 큰 문제를 야기할 수 있습니다. 해당 기업은 관련자를 엄중히 문책하고 사내조사 절차를 전면적으로 개선하는 등 재발 방지를 위해 최선의 노력을 다한 것으로 알고 있습니다. 그러나 그때는 이미 회사의 명성과 매출에 엄청난 타격을 입은 후였습니다. 이 사건은 조사 담당자에 대한 선정뿐만 아니라 조사방법에 대한 교육이 얼마나 중요한지를 깨닫게 해 주는 사건이었다고 하겠습니다.

---

35) http://www.hani.co.kr/arti/society/society_general/817662.html

조사계획의 수립

조사 계획의 수립은 본격적인 조사에 앞서 전반적인 조사 방향, 대상, 범위, 방법 등 향후 내부조사 전반을 기획하는 것입니다.

조사 계획 수립단계에서는 조사 대상을 선정하고, 그에 따른 조사의 범위와 방법을 선택하고 조사 기간 및 세부 일정을 정하는 것이 필요합니다. 이는 사건의 중대성과 소요 비용, 조사를 통해 얻을 수 있는 실익과 한계뿐만 아니라 비즈니스적인 부분까지 고려해야 하는 매우 중요한 일입니다.

또한 구체적으로는 업무계획의 수립 및 예산편성, 내부조사 대상 사실의 검토 및 분석, 내부조사의 주체 선정, 증거수집의 방법 및 외부 전문가 활용 여부, 심문 대상자 선정 및 일정, 자료 생성 및 보고 방식 및 절차, 자진신고 및 내부고발 활용 여부, 수사 및 규제 당국 신고 여부 등 매우 다양한 업무를 기획하고 조율해야 하는 복잡한 업무이기도 합니다.

이러한 어려움을 더욱 가중시키는 것은 신속을 요한다는 점입니다. 계획 수립단계에서 시간이 지체될 경우 그만큼 정보관리와 보안 유지가 어렵기 때문입니다.

　이러한 점을 고려해서 사건 초기에 최대한 신속하게 관련 부서 담당자와 전문가 등이 모여 조사 계획과 세부 일정 등을 협의하는 것이 필요하며, 이를 위해서는 사전에 내부 협의를 위한 절차를 마련해 두는 것이 바람직하다고 하겠습니다.

　참고로 조사 계획을 수립함에 있어 준수해야 할 중요한 기준은 다음과 같습니다. 첫째, 객관성과 공정성을 확보할 수 있어야 한다는 점입니다. 둘째, 조사 과정에서의 사생활 침해가 없도록 하는 등 절차적 합법성이 보장되어야 하는 점입니다. 셋째 비즈니스에 미칠 악영향을 최소화할 수 있는 방안을 강구해야 한다는 점입니다. 넷째, 조사팀의 권한과 독립성이 존중되어야 한다는 점입니다.

05 증거보전

　내부조사 초기 단계에서 취해야 할 가장 중요한 조치는 무엇일까요. 바로 증거보전입니다. 조사의 성패를 좌우하는 것은 부정행위 입증을 위한 증거 확보입니다. 따라서 증거가 훼손되거나 인멸되기 전에 최대한 빨리 이메일, 전자 문서, 컴퓨터 등 전산장비 및 각종 문서에 대해 보전조치를 취해야 합니다.

　이를 위해 조사팀은 임직원들을 상대로 이메일 내지 사내 공지 등의 방식으로 보관하고 있는 자료를 임의로 삭제·폐기하지 말도록 경고해야 합니다. 특히 문서관리 정책에 따라 주기적으로 파기되는 전산 자료가 있을 경우 일정 시점까지 폐기를 중지하고 보관하도록 조치해야 합니다. 보존 기간이 경과하여 중요한 증거가 사라지는 것을 막아야 하기 때문입니다.

　또한 부정행위와 관련된 임직원들 개개인에 대해서는 관련 자료를 폐기하지 말고 보전할 것을 개별적으로 지시할 필요가 있습니다. 만약 당사자들이 이러한 조치를 위반할 경우에는 정당한 업무지시를 위반한 것으로 그 자체로 징계 사유에 해당한다고 할 수 있습니다.

증거보전 조치는 증거를 확보한다는 측면에서뿐만 아니라 향후 있을지도 모를 수사 내지 행정조사에서 기업이 조직적으로 증거 인멸 내지 조사방해를 시도했다는 의심을 사지 않기 위해서도 필요합니다. 의도적으로 증거보전 조치를 취하지 않은 경우는 물론이거니와 비록 부주의나 경험 미숙으로 조치를 취하지 못한 경우라 하더라도 증거 인멸과 조사방해로 의심되어 사회적 비난과 법적 책임을 면하기 어려울 수도 있기 때문입니다.

또한 증거를 보전하는 것뿐만 아니라 원래 존재했어야 할 증거물이 없어지거나 있어야 할 장소에 존재하지 않는 경우에도 그 사유를 확인하고 남겨 두는 것이 필요합니다. 실무에서 사건을 처리하다 보면 실제 벌어진 일보다 근거 없는 의혹 내지 풍문을 해명하는데 더 많은 시간과 비용이 들어가는 경우가 많습니다. 임직원들의 증거 인멸이 드러나 이로 인해 대규모 압수수색을 당하고 그 결과 최초 문제 되었던 부정행위가 아니라 더 큰 범죄가 드러나 별건 수사로 이어지는 일도 드문 일이 아닙니다.

이러한 사례는 결국 기업이 부정행위를 대응함에 있어 초기에 신속히 증거를 확보하고 사실관계에 따라 원칙대로 조치하는 것이 오히려 기업에 이익이 된다는 점을 일깨워 줍니다.

또한 감사, 법무 등 이러한 보존 절차를 이행하여야 할 직무를 담당하고 있는 임직원들은 증거보전조치를 제대로 취하지 아니할 경우 향후 증거 인멸로 인한 형사책임까지 부담하게 될 수도 있다는 점을 항상 명심해야 할 것입니다.

실제 증거보전 조치를 취하고자 할 경우, 사내에서 사내 규정 및 보안 등을 이유로 비협조적으로 나올 가능성이 크다는 점도 미리 염두에 두어야 합니다. 내부조사에 호의적이지 않은 분위기에서는 이러한 이유를 들어 증거보전 조치에 저항하는 경우가 발생할 수 있기 때문입니다.

따라서 사전에 증거보전 조치의 중요성 및 필요성 등을 사내에 전파하여 실제 상황이 발생할 경우 차질이 없도록 미리 대비해 둘 필요가 있습니다. 즉 증거보전 조치를 하지 않을 경우 기업의 의도와 무관하게 기업에 큰 불이익이 될 수 있다는 점을 사전에 교육하고, 실제 상황에 적용할 수 있도록 사내 규정을 정비하는 한편 주기적으로 실제 상황을 대비한 가상훈련을 실시할 필요가 있습니다.

국제적 분쟁에 있어서는 이러한 증거보전 조치는 더욱 중요합니다. 증거개시제도가 발달한 미국에서는 litigation hold를 통해 소송 관련 문서 내지 전산 자료의 보전하도록 요구하고 있으며 특히 고의 내지 중대한 과실로 이러한 조치를 제대로 취하지 않을 경우 입증책임이 전환되거나 소송 자체가 기각되는 등 큰 불이익이 가해지고 사법 방해의 죄책까지도 부담하게 됩니다.

특히 litigation-hold는 상대방 변호사 또는 정부 기관으로부터 소송 제기 사실 내지 그 가능성을 고지받은 경우뿐만 아니라 소송으로 번질 수 있는 문제가 있다는 사실을 알게 된 경우까지도 확대될 수 있다는 점에서 그 대응을 더욱 어렵게 하고 있습니다.

　최근에는 국내에서도 이와 유사한 증거개시제도 도입이 논의되고 있을 뿐만 아니라 우리 경제의 성장에 따라 국제분쟁이 늘어나고 있는 점을 고려할 때 증거개시제도 전반에 대해 앞으로 좀 더 주의를 기울여야 할 것이라고 생각합니다.

06 조사대상자에 대한 대기발령

내부조사 과정에서 부정행위자로 거론된 사람들에 대해 대기발령을 하는 경우가 많습니다. 원활한 조사를 위해서는 일단 대상자를 업무로부터 배제시킬 필요가 있기 때문입니다. 대법원은 대기발령을 징계가 아닌 인사권자의 인사명령으로 보고 있습니다.[36] 따라서 부정행위자에 대한 해고 등 징계 조치 전에 일단 대기발령을 하여 업무에서 배제시키는 것은 가능합니다.

다만 대법원은, 대기발령은 인사명령으로서 업무상 필요한 범위 내에서는 상당한 재량이 인정되는 것이기는 하나, 근로기준법이나 권리남용에 해당하는 경우에는 위법하다고 할 것이고, 따라서 대기발령이 정당한 인사권의 범위 내에 속하는지는 대기발령의 업무상 필요성과 그로 인한 대상자의 생활상의 불이익의 정도, 근로자와의 협의 등 대기발령을 하는 과정에서 신의칙상 요구되는 절차를 거쳤는지 여부 등에 의하여 결정된다고 판시하였

---

36) 대법원 2013. 5. 29. 선고 2012다64833.

습니다.[37]

이러한 점을 고려하여 대기발령을 지나치게 장기로 한다거나 임금을 지급하지 않는 것은 적절하지 않습니다. 실무적으로는 임금은 삭감하지 않고 기간 역시 조사에 필요한 합리적인 기간으로 하되 필요시 이를 연장하는 방식이 선호되고 있습니다.

대기발령 시점은 증거보전 조치를 통해 증거 훼손 가능성을 차단한 이후여야 합니다. 충분한 조사 준비를 갖추고 심문을 한 후 대기발령을 하는 것이 좋다는 의견도 있으나, 실무적으로는 일단 당사자를 현업에서 배제시켜야 관련자들에 대한 조사가 용이할 뿐만 아니라 부정행위자를 계속 동일한 업무에 종사시키는 것은 피해를 확대시킬 우려가 있으므로 가급적 빨리 대기발령을 하는 것이 타당하다고 생각합니다. 따라서 조사의 필요성이 인정되는 경우에는 간단한 면담을 통해 대기발령 사유를 알리고 필요한 자료를 임의제출받은 후 바로 대기발령을 하는 것이 원칙입니다.

대기발령을 하자 조사대상자가 바로 사직 의사를 밝히는 경우도 있습니다. 고용 관계가 종료되면 더는 조사를 못 하는 상황이 발생할 수 있습니다. 이 경우 조사대상자의 퇴사 시점에 따라 일정 기간 조사가 가능한 경우도 있을 수 있고 이는 조사대상자의 지위 또는 계약관계에 따라 차이가 있을 수 있습니다. 이에 대한 자세한 검토는 노동법의 영역이라 여기서는 생략하겠습니다만 실무적으로는 이 경우 당사자를 설득하여 조사에 협조하도록 하거

---

37) 대법원 2005. 2. 18. 선고 2003다63029.

나 최대한 빨리 내부조사를 마무리하고 수사 의뢰 등 형사 절차로 이전하는 식으로 대응하는 것이 일반적입니다. 그간의 경험에 따르면 이러한 경우 의외로 조사대상자에 대한 설득은 효과가 큽니다. 부정행위자 대부분이 사내조사에 응하고 원만히 해결하는 것을 선호하기 때문입니다.

또한 주의할 점은 대기발령을 할 때 대상자에게 징계처분 내지 목적이 아니라는 점을 충분히 설명해야 한다는 점입니다. 인사명령이 아닌 징계로서의 대기발령으로 잘못 오해될 경우 나중에 일사부재리 원칙상 같은 행위로 인한 정식 징계가 어려워질 수 있기 때문입니다. 또한 대기발령자에 대해서는 정기적으로 연락하고 그 상태를 파악하는 노력이 필요합니다. 대기발령자의 돌발행동에 대비하기 위한 목적도 있지만 상황에 따라서는 형사 절차를 통한 신속한 강제수사가 필요할 수도 있기 때문입니다.

초기 정보관리의 중요성

내부조사를 착수하기에 앞서 조사팀을 구성하고 증거보전 조치를 취하는 단계에서 중요한 것 중 하나가 정보관리 및 보안 유지입니다.

보통 내부조사의 단서를 인지한 초기 단계는 모든 것이 불확실한 상태이고 의혹만 제기된 상황이기 마련입니다. 엄밀히 말하면 이 단계에서 제기된 여러 가지 의혹의 당사자들은 아직 그 혐의가 확정된 것이 아닙니다. 제보는 빙산의 일각일 뿐 더 큰 부정행위가 확인될 수도 있지만 반대로 음해성 고발이나 근거 없는 제보의 피해자인 경우도 있을 수 있습니다. 따라서 이 단계에서 정보관리 및 보안 유지에 실패할 경우 큰 부작용이 초래됩니다.

음해성 고발의 경우 사실과 다른 소문이 일파만파로 퍼지면서 가정과 직장에서의 당사자의 명예는 땅에 떨어지게 됩니다. 억울하게 성희롱 가해자로 의심을 받고 사람들 입에 오르내릴 경우를 생각을 해 보면 쉽게 공감하실 수 있을 것이라고 생각합니다.

반면 비리의 뿌리가 깊고 넓은 중대한 부정행위의 경우 정보관리 및 보안 유지에 실패할 경우 진상 규명 자체가 불가능해질 가능성이 커집니다. 조사 사실이 알려지는 순간 증거 인멸을 시도할 가능성이 크기 때문입니다. 사전에 신속히 증거보전조치를 취해야 하는 이유와도 일맥상통하는 부분입니다. 자신의 비위가 뻔히 드러날 증거를 그대로 둘 사람은 거의 없을 것입니다.

의도적이든 실수에 의한 것이든 조직 내에서 사람들이 움직이고 무언가 일이 진행될 경우 그러한 사실이 비밀로 유지되기는 쉽지 않습니다. 신속히 팀을 꾸리고 증거보전 조치를 취하는 것이 중요한 것도 바로 이 때문입니다.

한편 정보관리에 실패하여 조사 사실 및 내용이 외부에 알려질 경우에는 더 큰 혼란이 야기될 수 있습니다. 초기 단계에서는 당사자를 제외하고는 누구도 실상을 제대로 파악하지 못하고 있을 수밖에 없습니다. 그럼에도 불구하고 사실과 다르거나 확인되지 않은 사실이 외부에 알려질 경우 돌이킬 수 없는 결과를 초래할 수 있습니다. 특히 일단 의혹이 제기되면 조사 결과 사실이 아니라는 점이 밝혀져도 그 결과를 믿으려 들지 않고 오히려 사실을 숨기고 은폐했다고 비난하는 경우가 비일비재합니다.

사정이 이러함에도 초기 대응 단계에서 일단 당사자 내지 주변 사람들을 만나서 면담을 시도하는 경우가 많다는 것은 다소 의외입니다. 아직 조사 전략 및 방법 등이 제대로 정해지지도 않은 상태에서 무작정 면담을 진행하는 것은 부정행위자로 하여금 증거를 인멸할 기회를 주고 조사 정보가 외부에 알려지는 결과를 초래하는 것 외에 별다른 실익이 없습니다. 따라서 초기 단계에서는 특별한 사정이 없는 한 면담 내지 심문을 자제해야 합니다.

또한 본격적인 조사에 앞서 사안의 개요를 파악하기 위해 어느 정도 자료를 확인하고 정보를 수집하는 것은 부득이한 일이지만 자칫 의욕에 앞서 무리하다 보면 보안 유지에 실패하여 정작 중요한 증거가 인멸되고 당사자들끼리 진술을 조작할 기회를 제공하는 잘못을 범하게 될 수도 있습니다.

따라서 본격적인 조사에 앞선 준비단계에서는 정보관리에 최대한 주의하면서 향후 본격적인 조사에서 어떠한 증거를 확보하고 어떠한 사람들을 심문할지 등에 대한 전략을 짜는 등 신중히 조사 준비에 집중하는 것이 필요합니다.

08

조사의 중립성과 독립성

　내부조사 업무를 수행하다 보면, 확인되지 않은 정보나 풍문에 시달리는 경우가 많습니다. 구설수에 오른 누군가와 식사를 했다는 이유만으로도 가십거리가 되고 의혹이 제기됩니다. 평소 친하게 지냈다는 이유로 무턱대고 의심을 하는 경우도 있습니다.

　가장 경계해야 할 상황은 그간 잠잠하던 내부 갈등이 조사를 계기로 폭발하는 것입니다. 즉 조사를 자신의 이해관계에 따라 이용하려는 사람들이 나타나고 숨어있던 갈등이 전면적으로 부상하는 경우입니다. 내부조사를 자신의 입지를 다지고 마음에 들지 않는 사람을 쳐내는 수단으로 활용하려는 사람들이 나타나기도 합니다. 문제는 그런 의도를 가진 사람일수록 선의를 가장한다는 것입니다. 사안 자체를 모호하게 만들고 누군가 책임지고 비난받을 사람을 만들어 내려는 사람들로부터 독립되어 중립적인 조사를 진행한다는 것은 쉽지 않은 일입니다.

　한편 조사 업무는 적을 만들어내는 일이기도 합니다. 정당한 업무 수행임에도 불구하고 조사를 받은 동료들과 거리감이 생기고 이런저런 말이 나오기 마련입니다. 내부조사는 조사를 받은 사람에게 엄청난 심리적 부담을 주고, 조사 결과에 따라 누군가는 불이익을 받게 되기 때문입니다.

따라서 조사담당자는 누구도 억울함이 없도록 객관적인 입장에서 공정하게 조사를 수행하기 위해 최선을 다해야 합니다. 그렇지 않을 경우 조사 결과에 대한 비난으로부터 자유로울 수 없을 뿐만 아니라 스스로도 이를 용납하기 어렵게 될 것이기 때문입니다. 사실대로 판단하는 것이 억울한 사람을 만들지 않는 유일한 방법입니다. 조사를 담당하는 사람이 스스로 이해관계에 휘말려 자신의 입장에 따라 사실관계를 왜곡하고 모호하게 만든다면 이것이야말로 용서받기 어려운 부정행위라고 할 것입니다.

09

심문

내부조사에서 활용되는 조사 방법은 수사기관의 그것과 유사합니다. 수사기관은 피의자, 피해자, 참고인 등을 만나 조사하고, 범죄 현장을 방문하고, 증거를 수집하는 등의 방법으로 수사한후 그 결과에 따라 피의자를 법원에 기소하거나 불기소 처분을하게 됩니다. 기업의 내부조사 역시 기본적으로 이와 유사한 방법으로 진행되며 차이점은 압수수색 등 강제수사가 불가능하다는 점 정도라고 할 수 있습니다. 이와 관련하여 먼저 내부조사 조사 방법으로서의 심문에 대해 살펴보도록 하겠습니다.

1) 개요

심문은 사전적 의미로는 자세히 따져 묻는 행위를 말합니다. 내부조사에서 심문은 혐의자로부터 자백을 구하거나, 관련자로부터사건과 관련된 정보를 얻기 위해 진행하는 문답을 말합니다. 물적 증거가 확실하여 사실관계가 자명해 보이는 경우에도 당사자로부터 범행의 동기, 목적, 공범 유무, 범행 이후의 정황 및 범행에 대한 입장 등을 확인하기 위해서는 심문 절차가 반드시 필요합니다.

심문 절차는 당사자의 의사에 따라 가능 여부가 결정되며 반드시 동의가 전제되어야 합니다. 또한 그 절차 전반에 진술자 본인의 자유로운 의사에 따른 진술이 가능해야 합니다. 즉 진술의 임의성이 인정되어야 한다는 것입니다.

또한 형사 절차는 아니지만 당사자가 변호인의 조력을 요구할 경우에는 가급적 변호인의 참여를 허용하는 것이 좋습니다. 사실 법률전문가인 변호인이 참여할 경우 오히려 조사에 도움이 되는 경우가 많습니다. 참여한 변호인이 조사의 취지를 이해하고 합리적인 대안을 제시하는 역할을 해 줄 수도 있기 때문입니다.

심문 대상자는 조사 계획을 수립할 때 미리 논의되기 마련이나 진행과정에서 상황에 따라 추가 또는 제외되기도 합니다. 대상자로는 내부고발의 경우 피고발자, 부정행위자 및 그의 상사, 동료, 관련 부서 담당자 및 책임자, 전산 담당자 등 사건과 관련된 정보를 알고 있는 사람이라면 누구든지 대상이 될 수 있으며 경우에 따라서는 퇴사자나 거래처 직원, 목격자도 대상이 될 수 있습니다. 조사의 순서에는 특별한 제한이 없고 사안에 따라 다르겠으나, 일반적으로는 부정행위자나 그와 가까운 사람보다는 제3자적 지위에 있는 사람에 대해 먼저 실시하는 것이 원칙입니다.

얼마나 많은 사람을 대상으로 심문을 해야 할지도 일률적으로 말하기 어렵습니다. 많은 사람을 심문하는 것이 사안 해결에 도움이 될 수도 있겠습니다만, 정보관리 및 보안에 문제가 있을 수 있을 뿐만 아니라 조사에는 물적, 시간적 제약이 있을 수밖에 없으므로 적정 범위로 제한할 수밖에 없습니다. 다만, 사안의 해명에 필요하다고 판단되는 사람에 대해서는 어떤 식으로든 심문 내지 면담 절차를 거치는 것이 좋습니다. 조사 미진이라는 지적과 함께 조사 결과를 납득시키기 어려워질 수 있기 때문입니다. 직접 만나 심문하기 어려운 상황이라면 화상 면담을 활용하거나 최소한 이메일 등을 통해 서면으로 질의사항을 전달하여 그에 대한 답변을 확인해 두는 것이 필요합니다.

심문에 참여하는 조사자는 2명 이상이어야 합니다. 단독으로 진행한 심문은 추후 진술의 임의성 및 진위 여부에 대한 분쟁이 발생할 경우 이를 확인해 줄 사람이 없다는 점에서 적절하지 않습니다. 그러나 너무 많은 조사자가 심문에 참여하는 것은 그 자체로 진술자가 부담을 느낄 수 있고 이로 인해 진술의 임의성에 문제가 제기될 수도 있다는 점에서 바람직하지 않습니다.

조사 시간은 진술인이 동의하는 범위 내에서 가급적 충분히 확보할 필요가 있습니다. 대개의 경우 준비한 심문사항보다 길어지게 되고 특히 문답서를 작성하는 경우에는 문서작성 및 정리, 열람 등에 상당한 시간이 소요될 수밖에 없기 때문입니다. 다만 야간에 장시간에 걸쳐 문답을 하는 등 임의성에 문제가 지적될 수 있는 상황은 피해야 합니다. 조사가 길어질 경우에는 중간중간 휴식시간을 갖고, 진술인의 요청이 있을 경우 심문을 중단하는 등 무리한 심문이라는 지적이 없도록 주의해야 합니다.

심문은 가급적 한 번에 끝내는 것이 원칙입니다. 그러나 실제로는 사안이 복잡하여 하루에 다 마무리되지 못하는 경우도 많고 당사자의 변명으로 인해 추가 확인해야 할 사항이 생길 경우에는 부득이 여러 차례 조사가 반복되는 경우도 있을 수 있습니다.

당사자들의 진술이 엇갈려 부득이 당사자들을 동석시킨 상태에서 각자의 진술을 들어보는 경우가 있습니다. 이와 같은 방식의 심문에서 주의해야 할 점은 대질은 당사자 상호 간에 질의응답을 하는 것이 아니라는 것입니다. 당사자들끼리 이야기하기 시작하면 대개의 경우 말다툼으로 이어져 조사 자체가 불가능하게 되곤 합니다. 또한 대질은 조사자와 진술인 각각이 문답을 하는 것이며 모두에게 공평하게 주장과 반론의 기회를 주는 것이 중요합니다. 다만 대질조사는 당사자들의 갈등의 골이 깊을 경우에는 예상치 못한 사고로 이어질 수도 있다는 점에서 그 선택에 신중을 기해야 합니다.

심문의 장소는 제한이 없습니다. 가급적 집중력이 흐트러지지 않고 문답 자체에 집중할 수 있는 장소가 좋습니다. 경우에 따라 진술인이 자신이 선호하는 장소를 제안하는 경우도 있습니다만 중요한 것은 당사자를 만나 문답을 나누는 것이므로 장소에 너무 구애받을 필요는 없다고 생각합니다. 다만 호텔이나 커피숍 등 공공장소나 보안 유지가 어려운 곳은 가급적 피하는 것이 좋습니다. 이런 곳에서의 문답은 심문보다는 간단한 사실이나 정보 확인을 위한 목적으로만 활용하는 것이 좋습니다.

심문 결과를 문서로 남기는 것은 향후 분쟁에서 중요한 증거로 활용될 수 있다는 점에서 중요합니다. 또한 조사 자체가 있었다는 점을 확인하는 차원에서도 반드시 필요한 것이기도 합니다.

심문 사항과 답변 내용을 기재한 문서는 실무상으로는 면담보고서, 문답서, 진술요지 등 여러 가지로 명칭으로 작성되고 있습니다. 진술서라는 이름으로 진술인 본인이 작성하는 문서도 진술을 기재한 것이라는 점에서는 동일합니다.

그중 진술서는 작성 주체가 진술인 본인이라는 점에서 증거가치가 가장 높다고 평가되고 있습니다만 반드시 그런 것은 아닙니다. 간혹 조사자가 요구한 내용을 그대로 기재하거나 미리 준비한 진술서에 서명만 하는 방식으로 작성되는 경우도 있는데 이는 문답서보다 증거가치가 떨어진다고 하겠습니다. 사실 이러한 진술서는 법정에서 진술인이 자신의 의사에 기초하여 작성한 것이 아니라고 진술하는 순간 법적으로 무의미해집니다. 간혹 사건을 하다 보면 고객들이 당사자의 진술서를 제공해 주는 경우가 있는데 그 작성 경위와 진위 여부를 반드시 확인해야 하는 것도 바로 이런 점 때문입니다. 따라서 진술서는 반드시 진술인 스스로 자신의 의사에 기초하여 직접 작성한 것이어야 합니다.

문서의 명칭 여하를 막론하고, 진술이 기재되어 있는 문서에는,

진술인의 성명 및 본인을 특정할 수 있는 정보, 조사자의 이름과 직위, 심문 일시 및 장소, 심문의 취지, 문답 내용 등이 기재되어 있어야 하며, 진술인에게 그 내용을 읽고 반론을 제기할 수 있는 기회를 제공하는 것이 증거가치를 높이는 방법이라고 하겠습니다.

시간 관계상 서면 작성이 어려운 경우 심문 내용을 녹음하는 경우도 있으나, 진술인의 동의 여부에 따라 문제가 될 소지가 있으므로 신중을 기할 필요가 있습니다. 이 부분은 따로 살펴보도록 하겠습니다.

심문 과정에서 부정행위를 자백하는 등의 중요 진술을 확보하였을 경우 가급적 본인으로 하여금 그러한 취지를 직접 기재하고 서명 또는 날인하게 하는 등 명확히 근거를 남길 필요가 있습니다. 대개의 경우 시간이 경과하면 진술을 번복하거나 부인하는 경향이 강해지기 때문입니다.

주의해야 할 것은 무엇보다 진술인에 대한 인권침해가 없어야 한다는 것입니다. 내부조사는 수사 못지않게 당사자를 위축시키고 긴장하게 합니다. 이러한 상태에서 무리한 심문을 할 경우 예상치 못한 결과에 이를 수도 있다는 점을 항상 염두에 두어야 합니다. 실제로도 2018년 8월 초 한 언론을 통해 회사에서 감사를 받던 직원이 감사팀을 원망하고 억울함을 호소하는 내용의 유서를 남긴 채 스스로 목숨을 끊었다는 내용이 보도되기도 하였습니다.[38] 보도에 따르면 해당 기업의 감사는 감사 사유에 대해서

---

38) http://www.hani.co.kr/arti/society/society_general/856671.html

는 일절 언급하지 않은 채 그동안 잘못한 것을 다 쓰라는 강압적 방식으로 진행되었다고 합니다. 보도된 내용이 모두 사실이라면 아무리 감사의 목적이 정당하더라도 조사가 정당화되기는 어려울 것입니다. 또한 이로 인해 기업 역시 애초의 감사 목적 달성은커녕 더 큰 새로운 위기에 직면하게 되었다는 점에서도 이와 같은 무리한 인권침해적 조사는 지양해야 할 것입니다.

심문은 변호사 등 법률전문가가 참여하거나 주도할 필요가 있습니다. 진술의 임의성을 확보하고 증거가치를 높일 수 있을 뿐만 아니라 아무래도 관련 업무 경험이 많다 보니 면밀한 조사가 가능하다는 장점이 있기 때문입니다. 아울러 실무상 심문에 참여한 상대방으로 하여금 조사의 의미와 중요성을 다시 생각하게 하는 의미도 상당합니다.

효과적인 심문을 위해서는 철저한 준비와 임기응변 능력이 필수입니다. 심문에 앞서 무엇을 어떤 순서에 따라 어떤 톤으로 물어볼 것인지, 조사 참여자들의 역할을 어떻게 나눌 것인지 등을 세세하게 점검하고 검토해야 합니다. 심문 과정에서 증거를 제시할 경우 어떤 순서로 제공할지도 사전에 준비해야 합니다.

특히 중요한 것은, 조사자뿐만 아니라 상대방도 조사자의 언동 하나하나에 지대한 관심을 갖고 관찰하고 있다는 점을 잊지 말아야 한다는 점입니다. 조사자가 사안을 제대로 파악하지 못하고 있다고 느끼거나 제대로 준비하지 못한 인상을 받을 경우 진술인은 심문 자체에 무관심해지거나 오히려 조사자를 자기 뜻대로 통제할 수 있다고 생각하게 됩니다. 실무상 경험으로는 어느 누구도 조사자가 아는 이상을 자백하는 경우는 없습니다. 준비된 만큼 얻을 수 있다는 점을 명심해야 합니다.

마지막으로 주로 묻게 되는 심문 사항을 개략적으로 나열해 보겠습니다. 이는 어디까지나 예시이며 사안에 따라 달라지거나 추가될 수 있습니다.

- 5W+1H(누가, 언제, 어디서, 무엇을, 어떻게, 왜)
- 범행의 목적 및 배경
- 공범, 관련자, 목격자 유무
- 증거의 소재 및 확보방법
- 부정행위가 가능했던 구조적 원인
- 알리바이 내지 반성 유무
- 피해배상 등 법적 책임에 대한 입장
- 본인 내지 타인과 관련된 추가 범행 유무
- 하고 싶은 말이나 조사에 반영해 주었으면 하는 사항
- 기타

2) 심문 노하우

누군가를 상대로 심문을 한다는 것은 쉬운 일이 아닙니다. 답변을 거부하고 심문에 비협조적인 사람뿐만 아니라 피해를 호소

하고 내부고발을 하는 적극적인 진술인을 상대로 하는 경우도 마찬가지입니다.

하고자 하는 말을 조리 있게 진술하는 것이 그만큼 힘든 일이기도 하거니와 근본적으로 사람의 기억이 불완전할 수밖에 없다는 점은 이러한 어려움을 배가시킵니다. 1986년 1월 28일에 발생한 챌린저호 폭발사고와 관련된 한 실험 결과는 과연 진술을 법정에서 증거로 쓸 수 있는지에 대한 회의를 불러일으키기도 하였습니다. 당시 미국 코넬 대학의 한 교수는 폭발사고 다음날 수강생들에게 당시 사고를 어디서 접하였으며 당시 상황이나 기분은 어땠는지 상세히 적어 제출하게 하였다고 합니다. 2년 후 그 교수는 당시 학생들에게 재차 당시 상황을 진술하도록 한 후 두 진술내용을 비교해 보았다고 합니다. 그런데 놀랍게도 2년 전 진술과 비슷하게라도 진술하는 학생은 불과 10%를 넘지 않았다고 합니다. 심지어 25% 정도의 학생은 2년 전 진술과 완전히 다른 진술을 하였고 심지어 당시 작성한 진술서를 보여주어도 현재의 기억이 맞다고 우기는 경우까지도 있었다고 합니다.[39] 이 실험은 우리의 기억이 얼마나 부실하며 쉽게 왜곡되는지를 보여주는 사례로 거론되고 있습니다. 이렇듯 사람의 기억은 그 자체로 불완전하며 이는 심문을 더 어렵게 만드는 요인으로 작용합니다.

또한 누구나 심문에 앞서 방어적으로 될 수밖에 없고, 사실이든 정황이든 조금씩 진술인의 입장이 반영될 수밖에 없다는 점

---

39)　정용, 정재승, 김대수, 『1.4킬로그램의 우주, 뇌』 사이언스 북스, 2017.

도 고려하지 않을 수 없습니다. 답변이 질문에 따라 달라질 수 있다는 점도 중요합니다. 질문의 선후 관계나 질문자가 전달하는 가정과 전제, 선입견 등이 답변하는 사람에게 영향을 미칠 수밖에 없고 이러한 상호작용을 통해 진실은 조금씩 왜곡됩니다. 따라서 답변할 내용을 암시하는 유도심문이나 선택이 한정된 강제선택 방식의 심문은 피해야 합니다.

아마도 이런 이유에서 사람들이 수사기관에서 조사를 받고 나와서는 "조서를 꾸미고 왔다."라고 말하는 것인지도 모르겠습니다. 며칠 전에 있었던 일도 잘 기억이 나지 않는데 오래전 일에 대해 이런저런 질문을 받다 보면 빨리 조사를 끝내고 싶은 마음에 경찰의 의도에 따라 정확하지도 않은 기억을 대충 그럴듯하게 진술하고 조서는 제대로 읽어보지도 않고 서명하고 나오는 경우가 대부분이기 때문입니다.

또한 진술인 스스로 실제 자신이 체험한 사실과 이로부터 추측한 사실이나 누군가로부터 전해 들어 알게 된 사실을 구분하지 않고 마치 모두 자신이 직접 체험한 것처럼 진술하는 경우가 많습니다. 이는 진술인이 의도한 것이라기보다 진술의 법적 의미와 가치에 대해 잘 모르는 데서 기인하는 것이므로 조사자는 심문에 앞서 그 차이를 설명해 주고 각각을 구분하여 진술할 수 있도록 해야 하며 심문 중에도 수시로 주의를 환기시켜 줄 필요가 있습니다.

이렇듯 사람의 기억은 불완전하고 조사자의 의도에 좌우될 수 있을 뿐만 아니라 진술인이 진술의 출처를 혼동하는 경우도 있을 수 있으므로 왜곡되지 않은 진술인의 기억을 끌어낼 수 있도록 최대한 객관적인 입장에서 질문해야 합니다.

또한 심문은 질문지를 읽고 답변을 듣는 행위가 아닙니다. 질문에 대한 답변자의 반응, 관심 정도, 면담 과정에서 보이는 당사자의 행동, 특정 인물에 대한 호감 내지 반감 등 모든 순간에 귀를 기울이고 최대한 정보를 파악하고자 노력해야 합니다.

필자는 거짓말을 하는 사람의 태도를 분석해 보기 위해 국회 영상 속기록(速記錄)을 유심히 살펴본 적이 있습니다. 세월이 지나 그때 청문회에서의 진술이 거짓말로 드러난 경우 청문회 당시 해당 진술을 할 때 후보자의 진술 태도와 답변에 어떤 특징이 있는지를 알고 싶었기 때문입니다.

일반화하기 어려운 부분이 있기는 하나 답변 태도나 내용에 있어 분명 보통의 경우와는 차이를 보였습니다. 예를 들어 답변 중에 시선이 불안정하거나 질문자를 처다보지 못하는 등 불안한 태도를 보이고 질문사항에 대해서는 정확한 답변을 하지 않고 주제와 다른 동떨어진 답변을 하거나 기억이 나지 않는다, 자료를 확인해 보겠다는 등의 변명을 대며 답변을 회피하는 것이 그것입니다. 이런 미묘한 차이는 조사자의 경험과 육감에 좌우되는 부분이 많을 수밖에 없지만 교육과 노력을 통해 좀 더 숙련될 수 있도록 하는 것이 중요합니다.

다음에서는 효과적인 심문을 위한 몇 가지 노하우를 정리해 보았습니다. 사실 어떻게 하면 심문을 잘할 수 있는지는 일률적으로 말하기 어렵습니다. 어떤 심문도 동일한 것은 없으며 개개의 상황에 따라 천차만별이라 정해진 답이 없기 때문입니다. 따라서 아래서 말씀드리는 내용도 참고하는 차원에서 살펴봐 주시기 바랍니다.

(1) 철저한 사전준비만이 성공적인 심문을 가능하게 한다

심문에 성공하기 위해서는 무엇보다 사전에 철저히 준비해야 합니다. 심문에 앞서 미리 준비해야 할 것은 한두 가지가 아닙니다. 먼저 심문 시점까지 파악된 모든 진술과 증거관계를 파악하고 있어야 합니다. 심문 사항을 준비하고 진술 서면을 작성할 준비를 해야 하는 것은 물론입니다.

그 밖에도 조사 참여자를 몇 명으로 할지, 장소는 어디로 할지, 진술 내용을 어떤 방식으로 기재할지, 진술인의 반응은 어떠할 것으로 예상되며 각각의 상황에 따라 어떻게 대처할 것인지, 심문을 녹음할 것인지, 필요한 장비는 어떻게 할 것인지, 동의서나 안내문은 준비되었는지, 진술 내용을 외부에 알리거나 다른 사람들과 진술을 협의하지 않도록 하기 위해서는 어떤 조치를 취해야 하는지 등 준비해야 할 사항은 무궁무진합니다.

특히 심문에 비협조적일 것으로 예상되는 사람의 경우에는 더욱 철저한 준비가 필요합니다. 이러한 경우, 대부분 질문을 회피하고 거짓말을 하거나, 극단적으로는 예고 없이 나타나지 않는 경우도 있을 수 있기 때문입니다.

만약 출석 거부까지 예상되는 상황이라면 심문 시점, 장소 등 모든 상황을 처음부터 다시 생각해봐야 합니다. 만연히 출석만 요구할 경우 면담은 진행되지도 않은 채 심문 일정 등 조사 내용만 알려져 조사에 차질을 빚는 결과를 초래할 수도 있기 때문입니다. 예를 들어 이러한 경우에는 사전에 알리지 않고 조사자가 직접 진술인이 있는 곳으로 방문하여 일단 만남이 성사될 수 있도록 하는 것이 필요할 수도 있습니다.

심문에 비협조적인 사람에 대해서는 심문 자체가 당사자의 협조에 의존하는 것인 이상 심문에 협력하도록 설득하는 수밖에 없습니다. 이 경우 심문에 협조하는 것이 진술인에게 도움이 된다는 점, 처분에 있어 정상참작 요소가 된다는 점 등이 주된 설득 요소가 될 수 있을 것입니다. 중요한 것은 조사에 협력하는 것이 좋겠다고 스스로 판단할 수 있도록 돕는 것입니다.

진술인은 조사자가 명백한 증거를 갖고 있고 더 다투어봐야 본인에게 유리할 것이 없다고 판단되면 대부분 협조적인 태도를 보이며 그럴 수밖에 없었던 사정에 대해 설명하기 시작합니다.

수사기관과 달리 내부조사는 여러 가지 다양한 협상이 가능하다는 점에서 다소 부족한 증거라도 충분히 당사자로부터 자백을 이끌어 낼 수 있습니다. 당사자 역시 자진 퇴사, 징계 정도로 마무리할 수 있는 일을 굳이 수사기관으로까지 끌고 가는 것은 어리석은 선택이라는 점을 잘고 있기 때문입니다.

이렇듯 심문의 성패는 사전에 얼마나 철저히 준비했느냐에 달려 있습니다. 준비되지 않은 심문은 차라리 하지 않는 편이 낫습니다. 제대로 준비되지 않은 상태에서 진행하는 심문은 오히려 상대방을 잘못된 생각에 빠뜨립니다. '별로 아는 것도 없는 걸 보니 겁낼 것 없구나.' 하고 말입니다. 이 경우 심문은 별로 아는 것이 없다는 사실만을 드러내는 꼴이 되고 맙니다. 철저한 준비가 필요하다는 것은 아무리 강조해도 부족함이 없습니다. 상대방은 조사자가 알고 준비된 만큼만 인정한다는 점을 명심해야 합니다.

(2) 편견과 선입관을 경계하자

조사자는 공정하고 객관적인 자세를 유지하고 편견과 선입관을 배제해야 합니다. 심문에 있어 가장 치명적인 것이 조사자가 선입관에 사로잡혀 편견을 드러내는 경우입니다. 내부조사 업무를 하다 보면 '이 사람은 나쁜 사람이다.', '이 사람 말을 믿기 어렵다.'라는 식으로 특정인에 대해 선입관을 갖고 대하는 경우를 종종 보게 됩니다. 내부조사의 경우 대부분은 부정행위자에 앞서 피해자 내지 제보자의 진술을 먼저 듣게 됩니다. 그러다 보니 자연스럽게 피해자에게 동정이 가게 되고, 아직 만나지도 않은 부정행위자에 대해 좋지 않은 감정을 갖게 되기 쉽습니다. 그러나 내부조사는 도덕적 판단을 하는 업무가 아니고 증거에 따라 법적 사실을 규명하는 업무입니다. 또한 피해자의 진술이라고 모두 사실이라는 보장도 없습니다.

무엇보다 편견이나 선입관을 갖고 진술인을 대할 경우 제대로 된 심문을 기대하기 어렵고, 이러한 태도는 진상 파악에 전혀 도움이 되지 않습니다. 따라서 조사자는 심문에 앞서 편견과 선입견을 배제하고 객관적인 입장을 취하도록 노력해야 합니다. 조사 업무뿐만 아니라 열린 마음으로 사람을 대해야 한다는 것은 인간관계 전반에 해당하는 것이라고 생각합니다.

(3) 신뢰형성이 중요하다

심문은 상호 간에 신뢰 형성이 우선입니다. 심문은 상대방을 논리적으로 굴복시키거나 논쟁에서 이기려는 목적으로 하는 것이 아닙니다. 심문의 목적은 자백과 정보를 얻는 것입니다. 상대방의 협조를 통해 필요한 정보를 얻기 위해서는 조사자와의 신뢰와 호감이 전제되어야 합니다.

진술인 입장에서 조사자가 신뢰할 만한 사람이라는 믿음이 들지 않으면 진심을 털어놓기 어렵습니다. 자신의 진술로 자신뿐만 아니라 다른 사람이 불이익을 볼 수 있는 상황에서 누군가에게 진심을 털어놓기 위해서는 상대방에 대한 신뢰가 필요하다는 것은 어찌 보면 당연한 일입니다.

상대방을 굴복시키겠다는 헛된 욕심을 부리기보다 진술인의 동기, 이해관계, 감정 등을 잘 살피면서 신뢰와 호감을 형성하는 것이 조사 목적의 달성뿐만 아니라 조사 결과에 대한 승복이라는 측면에서도 중요합니다.

(4) 진술을 과신하지 말자

일방의 진술을 너무 과신하지 말아야 합니다. 거짓말은 나약함의 증거이기도 합니다. 대부분의 사람은 소중한 것을 위해 거짓말을 합니다. 지켜야 할 소중한 것은 돈, 명예, 가족, 연인 등 무궁무진합니다.

또한 앞서 말씀드렸듯이 사람의 기억이라는 것 자체가 완전하지 않다는 점도 명심해야 합니다. 기억은 '저장'되는 것이 아니라 '재처리'되는 것이기 때문입니다. 초임검사 시절, 피해자의 말을 들으면 피해자의 말이 맞는 것 같고 피의자의 말을 들으면 피의자의 말이 맞는 것 같아 갈피를 잡기 어려웠습니다.

반면 어느 정도 경력이 쌓인 후에는 누가 무슨 말을 해도 믿을 수 없게 된 스스로를 발견하고는 쓸쓸한 마음이 든 것도 사실이지만 대신 '일단 신뢰하되 반드시 검증한다.'라는 소중한 교훈을 얻게 되었습니다. 이렇듯 사람의 기억은 불완전하고, 누구나 거짓말할 수 있다는 점을 염두에 두고 일방의 진술을 과신하지 않도록 경계해야 합니다. 참고로 이러한 측면에서 심문하기 전에 사소한 거짓말도 본인의 진술 전체의 신빙성을 떨어뜨릴 수 있으니 진실만을 말해 줄 것을 요청하는 것이 매우 중요합니다. 별것 아니라고 생각하고 쉽게 진술한 내용이 나중에 거짓말로 드러나면 정작 중요한 진술까지 전부 배척되는 경우가 의외로 많기 때문입니다.

(5) 경청하자

진술인의 진술 한마디 한마디를 경청해야 합니다. 진술의 불완전성과 취약성에도 불구하고 당사자의 진술은 여전히 진상 파악을 위한 중요한 증거이기 때문입니다.

사실 심문을 하다 보면 시간 관계상 모든 이야기를 다 들어주기 어려워 중간에 말을 끊게 되는 경우도 있습니다. 그러나 이로 인해 상대방은 말문을 닫게 되고 조사는 더 어려워지게 됩니다. 한도 끝도 없이 이어지는 넋두리를 모두 들어줄 수는 없겠지만 최대한 인내심을 갖고 경청하는 것이 중요합니다.

이는 특히 진술만이 유일한 증거인 사건의 경우에 더욱 중요합니다. 사실 완벽한 거짓말은 불가능에 가깝습니다. 집중하여 경청하다 보면 자연스럽게 진술의 모순점이 드러나고 이를 통해 진술의 신빙성을 판단할 수 있게 됩니다. 즉 진실이 무엇인지는 알기 어려워도 거짓말을 하고 있다는 사실은 확인이 가능할 수 있습니다.

진술의 합리성, 모순성 등을 찾아내기 위해서는 진술 하나하나에 집중하고 세심하게 들어야 합니다. 또한 심문 과정에서 하는 사소한 농담, 대수롭지 않아 보이는 말에도 집중해야 합니다. 무심코 한 말에서 중요한 단서가 포착되는 경우도 있기 때문입니다.

심지어 조사자가 들어주었으면 하는 말을 무심코 내뱉는 것처럼 말하는 경우도 있습니다. 이럴 때 눈치 없이 그냥 넘어가면 중요한 정보를 얻을 기회를 놓치게 되는 것입니다. 진술의 녹음은 이러한 용도에서도 중요한 기능을 합니다. 면담을 마치고 당시 상황을 회상하며 다시 진술을 들어보는 것은 여러 가지로 의미가 있습니다.

(6) 비언어적 의사표시에 주목하자

비언어적 의사표시에 주목해야 합니다. 심문 과정에서의 소통은 언어적 수단에 의한 것만이 아닙니다. 진술인은 언어 이외에도 다양한 방법으로 의사를 표현합니다. 연구 결과에 따르면, 대화 도중에 모순을 느낄 경우 그 진위 파악을 위해 동원하는 정보는 몸짓이나 태도를 통한 시각 정보가 55%, 말투나 억양 등 청각 정보가 38%로 무려 93%에 달하고, 말의 내용 즉 언어 정보는 7%에 불과하다고 합니다.

문자를 보내거나 전화를 하는 것보다는 직접 만나 이야기를 나누는 것이 진의를 파악하는 데 더 도움이 된다는 것은 바로 이런 이유에서입니다. 진술인의 말에만 집중하지 말고 태도, 눈빛, 몸

짓 등 다양한 정보에 관심을 가져야 합니다.

또한 이러한 측면이 사실인정에 있어 조사자의 판단을 가장 중요하게 고려해야 하는 근거이기도 합니다. 실제 심문에 참여하여 상대방과 직접 이야기를 나누고, 그의 행동, 표정과 분위기 등을 경험한 조사자가 상대방의 신뢰성과 진술의 신빙성을 가장 정확히 판단할 수 있기 때문입니다. 따라서 조사자로부터 보고 받은 내용과 서면에 기재된 진술만으로 조사자의 일차적 판단을 배척하는 일은 주의해야 합니다. 또한 그렇기 때문에 경험 많고 유능한 조사자를 선정하는 것이 그만큼 중요한 것입니다.

(7) 지나친 의욕은 오히려 화를 부른다

지나친 의욕을 자제해야 합니다. 이는 수사기관 역시 자주 범하는 과오입니다. 부정행위자를 상대로 심문을 진행하다 보면 자신도 모르는 사이에 화가 나기도 하고 꼭 사실을 밝혀 책임을 묻겠다는 의욕이 강해지기도 합니다.

물론 부정을 저지르고도 변명으로 일관하는 사람을 참고 대하는 것은 매우 힘든 일입니다. 그러나 그렇다고 해서 조사 과정에서 화를 내거나 해서는 안 될 말을 해서는 안 됩니다. 이후로 조사가 제대로 진행되기 어려울 수 있다는 문제뿐만 아니라 그 자체로 진술의 법적 효력에도 영향을 미칠 수도 있고 무엇보다 그로 인해 조사자가 법적 책임을 부담하게 될 수도 있기 때문입니다.

지인들에게 간혹 검사 생활이 급한 성격을 많이 누그러뜨릴 수 있는 계기가 되었다는 말을 하곤 합니다. 화가 난다고 화를 내는 것은 프로의 자세가 아닙니다. 또한 영화에서 보는 것 같은 위압적인 분위기의 심문은 사실 그리 큰 효과를 보지도 못합니다.

아무리 위압적인 태도를 보여도 자신을 어찌할 수 없다는 것을 잘 알고 있는 상대방에게 이런 태도는 아무런 효과가 없습니다. 최근에는 심문에 변호사를 대동하거나 심문을 녹음하는 사람들도 많아져서 이러한 방식은 가능하지도 않습니다. 의욕에 넘쳐 무리한 심문을 하지 않도록 주의해야 합니다.

또한 반드시 진술을 받아내겠다는 의욕에 넘쳐 지키지도 못할 약속을 하는 것 역시 금물입니다. 조사를 하다 보면 수시로 상황이 변하고 애초 세웠던 계획과 전혀 다른 방향으로 가게 되는 경우도 많습니다. 심문 시점에 알고 있는 정보에 기초하여 상대방에게 무언가 약속하는 것은 실현 가능성도 없을 뿐만 아니라 조사자가 부당한 유인을 제공하거나 거짓말을 해서 진술을 받아 냈다는 비난을 받게 될 수도 있습니다. 이렇듯 지나친 의욕은 오히려 화를 부르게 될 수 있다는 점을 명심해야 합니다.

(8) 진술인 스스로 심문에 적극적으로 참여하게 하라

진술인 스스로 적극적으로 심문에 참여할 수 있도록 해야 합니다. 면담 과정에서 조사자는 자신의 권한과 역할을 명확히 하고, 면담에 성실히 임하는 것이 결국 자신에게 도움이 된다는 점을 진술인 스스로 깨달을 수 있도록 지속적으로 노력해야 합니다.

사실 정의감과 도덕심에 호소하는 것은 자백을 이끌어내는데 별 도움이 되지 않습니다. 부정행위를 시인하는 것은 그것이 자신에게 결과적으로 득이 된다는 판단이 섰기 때문이라고 보는 것이 합리적입니다.

내부조사에서 조사자의 영향력은 상당합니다. 심문 결과를 어떻게 전달하느냐에 따라 진술인에 대한 처우가 크게 달라질 수도 있고 사건이 완전히 다른 방향으로 흘러가게 할 수도 있습니다. 또한 조사를 받는 사람 입장에서도 조사자는 자신의 상황과 입장을 윗선에 전달할 수 있는 거의 유일한 창구라는 점에서 매우 중요한 존재입니다.

따라서 조사자는 '위에서 시키니 업무상 마지못해 어쩔 수 없이 하는 것'이라는 태도에서 탈피하여 자신의 역할과 심문의 중요성을 정확히 전달하고 이를 통해 진술인이 조사자를 신뢰하고 심문에 적극적으로 참여하도록 하는 것이 중요합니다.

대부분 사람이 심문 절차를 불리하거나 불편하게 생각하고 소극적으로 응하거나 심지어 거부하는 경우가 많지만 실상은 그렇지 않습니다. 부정행위자에 대한 심문이 결정되었다는 것은 혐의가 어느 정도 확인된 경우가 대부분입니다. 이러한 상황에서는 무조건 심문을 거부하는 것보다는 심문 과정을 통해 오해가 있다면 풀고 해명할 수 있는 부분은 해명하는 등 자신의 입장을 정확히 전달하는 것이 필요합니다. 사실 자신의 잘못이 증거 관계상 명확해졌다는 사실을 알 수 있다는 것만으로도 심문에 응할 실익은 충분하다고 할 수 있습니다.

또한 이를 위해서는 진술인이 느끼는 진술에 대한 부담감을 줄여주는 것이 중요합니다. 이러한 저항감은 자신의 옳지 못한 행동을 다른 사람 앞에서 이야기해야 하는 데서 오는 부끄러움에서 기인하는 것일 수도 있고, 상사, 동료, 부하들을 곤란한 처지에 놓이게 할 수도 있다는 부담이 원인인 경우도 있습니다. 이 경우 조사자는 진술인을 궁지에 모는 것보다는 진술인이 편하게 진술할 수 있는 분위기를 조성하는 것이 중요합니다. "누구라도 그런 상황이면 유혹을 느꼈을 수도 있다.", "동료에 대한 의리를 지키는 것보다는 본인의 진술로 회사를 좀 더 투명하고 바르게 이끄는 것이 중요하다." 등의 이해와 설득은 진술인의 심리적 부담감을 크게 덜어 줄 수 있을 것입니다.

(9) 문답서 작성 연습을 하자

심문 내용을 기록으로 남겨 두는 것은 중요합니다. 문답서는 사실인정 및 의사결정의 근거로 활용될 뿐만 아니라 진술 내용과 관련된 다툼의 소지를 최소화할 수 있다는 측면에서 그렇습니다. 물론 이러한 목적에서 녹음하거나 녹취록을 작성하는 경우도 있습니다만 이 경우에도 그 요지가 정리된 문서는 필요합니다.

이를 위해 앞서 언급한 바와 같이 실무상 진술서, 문답서, 면담 보고서 등 다양한 명칭의 문서가 작성되고 있습니다. 이 중 특히 심문과 동시에 문답 내용을 서면으로 작성하고 심문을 마친 후 이를 진술인에게 보여주고 서명날인을 받아야 하는 문답서의 작성은 많은 경험과 연습이 필요한 일입니다. 특히 심문 사항을 아무리 철저히 준비해도 실제 상황에서는 예상치 못한 답변과 그에 대한 대처가 필요하다는 점에서 경험과 연습 없이는 제대로 해내기 어려운 일입니다.

또한 문답서 작성 과정에서 조사자가 능숙한 태도를 보이지 못하고 허둥지둥할 경우 상대방에게 허점을 보이는 꼴이 될 뿐만 아니라 그만큼 상대방에게 여유를 주고 문답 자체에 집중하기 어렵게 됩니다. 경험이 쌓이면 점차 능숙해지겠지만 그전에라도 평소 역할을 나눠 가상 심문을 진행하면서 문답서를 작성해 보는 연습을 하는 것이 필요하다고 하겠습니다.

(10) 조사자의 의지가 심문의 성패를 좌우한다

내부조사는 원칙적으로 당사자의 동의에 기초한 것이라고 말씀드렸습니다. 그런데 만약 대상자가 심문을 거부하는 경우에는 어떻게 해야 할까요? 세상에 답이 없는 문제는 없습니다. 거부하는 이유를 생각해 보고 상대방을 안심시킬 경우 의외로 성사되는 경우가 많습니다.

예를 들어 지방에 거주하고 있는 사람에 대해서는 심문을 위해 출장을 갈 수도 있습니다. 경비 문제로 난색을 표할 때는 이를 지원하는 방안도 있습니다. 개인정보가 노출되어 불편하게 될 것을 우려하는 경우에는 익명을 보장하고 제3의 장소에서 진행할 수도 있습니다. 이렇듯 만남 자체를 거부하는 상대방에 대해도 적극적인 자세로 이를 설득하고 노력하는 자세가 필요합니다.

내부조사는 결국 조사자의 의지가 8할 이상입니다. 조사자가 얼마나 의지를 갖고 진실 발견을 위해 노력하는지가 조사의 성패를 가릅니다. 누군가로부터 심문을 당한다는 것은 절대 유쾌한 일이 아닙니다. 따라서 이를 성사시키기 위해서는 조사자의 노력이 반드시 필요합니다. 이는 사실 심문에만 적용되는 것은 아닙니다. 증거조사 등 내부조사 전반에 걸쳐 항상 염두에 두어야 할 점이라고 생각합니다.

[심문 내용을 녹음할 수 있을까?]

심문에서 실무상 많이 문제 되는 것 중 하나가 심문을 녹음할 수 있는지입니다. 먼저 녹음의 필요성부터 살펴보겠습니다. 심문 과정에서의 진술은 다른 조사의 단서가 되기도 하고, 나중에 사실인정의 근거가 될 수도 있다는 점에서 매우 중요합니다. 또한 그렇기 때문에 진술의 진위 여부뿐만 아니라 실제 그러한 진술이 있었는지 여부도 다투어질 가능성이 큽니다. 그런 측면에서 심문 내용을 녹음해 두면 나중에 이를 검증 수단으로 활용할 수 있다는 점에서 유용합니다.

한편 심문의 녹음은 조사자 보호를 위해서도 필요합니다. 진술인이 심문 과정에서 조사자가 강압, 협박 등 부당한 언동을 했다고 주장하고 나서는 경우가 있기 때문입니다. 이런 경우는 대부분 심문에서의 언급이 진술인에게 불리하게 작용하자 이를 모면하기 위해 절차적 문제를 지적하기 위해 제기되는 경우가 대부분입니다. 만약 이 경우 심문 내용이 녹음되어 있다면 이런 주장을 하기는 어려울 것입니다. 이처럼 심문 녹음은 조사자 보호를 위해서도 필요합니다.

또한 휴대폰 등을 통한 녹음이 간편해진 탓에 진술인이 심문을 녹음하여 악용하는 것을 막기 위해서는 차라리 공식적인 녹음기록을 남기는 것이 낫다는 측면도 고려할 필요가 있습니다. 예를 들어 상대방이 심문 녹음을 악의적으로 편집하여 언론에 공개할 경우 그러한 취지가 아니라는 점을 입증하기 위해서라도 필요할 수 있다는 것입니다. 물론 공식 녹음기록이 있다면 위와 같은 행동이 원천적으로 차단될 수 있다는 점이 더 큰 장점일 것입니다. 따라서 심문 내용은 원칙적으로 상대방의 동의하에 녹음하는 것이 원칙이라고 하겠습니다.

반면 이러한 필요성 있다고 해서 조사자가 진술인의 동의를 구하지 않고 소위 몰래 녹음을 할 수 있을까요? 녹음하겠다고 고지하거나 동의를 구하면 진술인이 심문을 거부하거나 솔직한 진술을 꺼릴 수 있으니 일단은 몰래 녹음해 두는 것이 좋지 않을까 하고 생각할 수도 있습니다. 그러나 이는 현명한 선택이 아닙니다.

실무상 심문을 하다 보면 사실 녹음이 심문에 지장을 초래할 정도는 아니라는 것을 금방 알게 됩니다. 녹음하더라도 심문이 어느 정도 진행되다 보면 자연스럽게 문답이 오고 가는 경우가 대부분입니다. 실제 심문을 녹음하던 중 진술인이 잠시 자리를 비운 틈에 녹음 사실을 잊은 조사자 사이에 나눈 대화가 녹음되어 문제가 된 사례가 있을 정도입니다. 그러나 몰래 녹음은 무엇보다 진술인의 음성권을 침해할 수 있다는 점에서 더 큰 문제의 소지가 있습니다. 다음에서 살펴보겠습니다.

먼저 대화에 참여한 사람이 대화를 녹음하는 것은 상대방의 동의가 없어도 형사처벌 대상은 아닙니다. 판례 역시 이와 같습니다.

대법원은 "피고인이 범행 후 피해자에게 전화를 걸어오자 피해자가 증거를 수집하려고 그 전화 내용을 녹음한 경우, 그 녹음테

이프가 피고인 모르게 녹음된 것이라 하여 이를 위법하게 수집된 증거라고 할 수 없다."[40]라고 판시하였습니다.

또한 대법원은, "「통신비밀보호법」 제3조 제1항이 '공개되지 아니한 타인 간의 대화를 녹음 또는 청취하지 못한다.'라고 정한 것은, 대화에 원래부터 참여하지 않는 제3자가 그 대화를 하는 타인들 간의 발언을 녹음해서는 아니 된다는 취지이다. 삼자 간의 대화에 있어서 그중 한 사람이 그 대화를 녹음하는 경우에 다른 두 사람의 발언은 그 녹음자에 대한 관계에서 '타인 간의 대화'라고 할 수 없으므로, 이와 같은 녹음행위가 통신비밀보호법 제3조 제1항에 위배된다고 볼 수는 없다."[41]라며 대화를 녹음한 사람에 대한 형사책임을 부정하였습니다.

반면 대화자의 녹음은 형사처벌의 대상은 아니지만 민사책임은 인정될 수 있다는 것이 법원의 입장인 것으로 보입니다. 동의 없는 대화 녹음은 원칙적으로는 불법이나 이를 정당화할 수 있는 사유, 즉 위법성 조각사유가 인정될 경우에만 그 책임이 부정된다는 것입니다.

서울중앙지방법원 1심 재판부는 손해배상청구소송에서 "음성권은 헌법상 보장된 인격권에 속하는 권리이기에 동의 없이 상대방의 음성을 녹음하고 재생하는 행위는 특별한 사정이 없는 한 음성권을 침해하는 것으로 불법행위에 해당한다. 다만 녹음자에

---

40) 대법원 1997. 3. 28. 선고 97도240 판결.
41) 대법원 2006. 10. 12. 선고 2006도4981.

게 비밀 녹음을 통해 달성하려는 정당한 목적이나 이익이 있고 비밀 녹음이 필요한 범위 내에서 이뤄져 사회윤리나 사회통념에 비춰 용인될 수 있다고 평가받을 수 있는 경우에는 위법성이 조각된다."라고 설시하여 비밀 녹음을 한 피고에 대해 불법행위 성립을 부정하였습니다.[42)]

반면 수원지방법원 항소심 재판부는 손해배상 사건에서 "피녹음자의 동의 없이 전화통화 상대방의 통화 내용을 비밀리에 녹음하고 이를 재생하여 녹취서를 작성하는 것은 피녹음자의 승낙이 추정되거나 정당방위 또는 사회 상규에 위배되지 아니하는 등의 다른 사정이 없는 한 「헌법」 제10조와 제17조에서 보장하는 음성권 및 사생활의 비밀과 자유를 부당하게 침해하는 행위에 해당하여 불법행위를 구성한다. 위 침해는 그것이 「통신비밀보호법」 상 감청에 해당하지 않는다거나 민사소송의 증거를 수집할 목적으로 녹음하였다는 사유만으로는 정당화되지 아니한다."라는 이유로 위 서울지방법원 판결과 달리 피고의 불법행위 책임을 인정하였습니다.[43)]

이러한 판례들을 종합해 보면 결국 심문을 몰래 녹음하는 행위는 형사처벌 대상은 아니나 민사적으로는 불법행위가 될 수 있고, 다만 비밀 녹음을 통해 달성하려는 정당한 목적이나 이익이 있고 비밀 녹음이 필요한 범위 내에서 이뤄져 사회윤리나 사회통

---

42) 서울중앙지방법원 2018가소1358597.
43) 수원지방법원 2013나8981.

념에 비춰 용인될 수 있다고 평가받을 수 있는 경우에는 민사책임이 부정된다고 하겠습니다. 따라서 법적으로는 비밀 녹음이 가능하다고 해석될 여지도 있으나 실무적으로는 상대방의 동의하에 녹음을 하는 것이 원칙입니다.

사실 조사자가 보기에 진술인이 정서적으로 불안하여 돌발행동을 보일 가능성이 있다고 판단되면 만일을 대비해 상대방의 동의가 없더라도 일단 심문 내용을 녹음해 두어야겠다는 생각이 들 수도 있습니다. 그러나 이러한 경우일수록 진술인에게 동의를 구해야 합니다.

비록 심문이 무산되더라도 정상적인 심문이 진행되기 어렵다고 판단된다면 심문을 진행하지 않는 편이 낫고, 불상사가 예상될수록 진술인에게 녹음에 대한 동의를 구함으로써 진술인을 진정시키는 효과가 있을 수 있기 때문입니다. 따라서 무리하게 비밀 녹음을 하는 것보다는 동의를 구하는 것이 낫습니다.

녹음은 처음부터 끝까지 중단 없이 해야 합니다. 나중에 임의로 편집했다는 지적에 대비하기 위해서입니다. 또한 녹음 파일이 함부로 유포될 경우 불필요한 오해를 불러일으킬 수 있으므로 1개의 음성파일을 만들어 함부로 열어 볼 수 없도록 봉인하고 양당사자의 참여하에 개봉하고 그 내용을 확인할 수 있도록 할 필요가 있습니다. 또한 수사기관과 마찬가지로 심문을 영상 녹화하는 것도 사안에 따라서는 활용해 볼 가치가 있다고 생각합니다.

실제 직장 내 성희롱 사건을 조사하는 과정에서 있었던 일입니다. 문제 된 언동이 성희롱에 해당하는지를 떠나, 제보자 면담을 준비하는 과정에서 해당 심문을 녹음할지, 녹음한다면 어떻게 할지가 문제 되었습니다. 사실 제보자는 어떤 식으로든 면담 내용을 녹음할 가능성이 높은 상황이었고 조사자 역시 혹시라도 면담 내용이 언론에 공개될지 모른다는 사실에 매우 큰 부담을 갖고 있는 상황이었습니다.

이에 대해 필자는 앞서 거론한 일련의 사유 등을 고려하여 심문을 녹음하기로 결정하고 그 절차를 검토하였습니다. 그 결과 녹음 절차는 다음과 같이 하기로 하였습니다. 첫째로 제보자에게 녹음 사실 및 추후 증거로 활용될 수 있음을 고지하고 둘째는 다만 증거로 활용할 경우에는 그러한 사실을 제보자에게 통지하고 의견진술의 기회를 제공할 것이며 셋째로 음성파일은 별도의 저장 장치에 저장하고 이를 봉인하여 외부 유출을 철저히 차단할 것이라는 점을 문서로 합의하기로 한 것입니다.

이와 관련하여 제보자가 자신도 해당 파일을 보관하고 있겠다고 할 경우에 대해서 어떻게 조치해야 하느냐에 대해 논란이 있었습니다. 논의 결과 음성파일은 한 개만 만들고 변호사가 보관하는 방안으로 제보자를 설득하려고 하였으나 제보자가 그러한 요구를 하지 않아 실제 문제가 되지는 않았습니다. 이렇듯 심문 녹음은 법적으로 문제 될 소지가 있으므로 가급적 법률전문가의 자문을 거쳐 방법과 절차를 신중히 검토할 필요가 있다 하겠습니다.

10 증거수집 및 조사

1) 증거 확보의 중요성

증거는 사실인정에 사용되는 자료입니다. 내부조사는 증거를 얼마나 확보하느냐에 그 성패가 달렸다고 해도 과언이 아닙니다. 앞서 말씀드렸듯이 진술은 진술인의 의도가 무엇인지에 좌우될 수 있을 뿐만 아니라 기억의 불확실성과 재구성이라는 본질적인 한계로 인해 사실 규명에 한계가 있을 수밖에 없기 때문입니다.

증거는 어떠한 사실을 증명할 수 있는 실질적 가치가 있는 것이라면 그 속성에 제한이 없습니다. 즉 물건, 문서, 정보 등 다양한 형태의 증거가 존재할 수 있습니다.

형사 절차상으로 위법수집증거배제의 원칙, 즉 위법하게 수집된 증거는 증거능력을 배제되어 증거로 사용할 수 없다는 원칙이 확립되어 있습니다. 따라서 아무리 증명력이 높은 증거라고 해도 위법하게 수집한 증거는 사용할 수 없습니다. 위법수집증거배제의 원칙은 수사기관의 불법 수사를 원천적으로 차단하기 위한 제도적 장치라고 할 수 있습니다. 고문, 불법 도청을 통해 확보한 증거는 쓰지 못하게 하겠다는 것입니다.

반면 수사기관이 아닌 기업 등 민간이 자율적으로 진행하는 내부조사에서도 이러한 원칙이 적용되는 것인지 찬반이 갈릴 수 있습니다. 그러나 내부조사 결과가 법적 분쟁으로 이어져 증거능력이 다투어질 가능성이 있고 적법절차에 따른 증거수집이 정의의 관념에 부합한다는 점 등을 고려할 때 내부조사 역시 적법절차에 따른 증거수집이 원칙이라고 하겠습니다.

이에 대한 법원의 판단은 사안에 따라 차이를 보이고 있습니다. 먼저 간통 고소인이 배우자의 주거에 침입하여 수집한 휴지 및 침대 시트 등을 증거로 쓸 수 있느냐는 문제와 관련하여 대법원은 "고소인이 주거에 침입한 시점이 이미 피고인이 주거에서 실제상 거주를 종료한 이후인 점, 위 휴지 및 침대 시트에 대한 감정 의뢰 회보가 반드시 필요한 증거라는 점에서 공익의 실현을 위해서 이를 증거로 제출하는 것이 허용되어야 한다는 점 등을 고려할 때, 피고인의 주거의 자유나 사생활의 비밀이 일정 정도 침해되는 결과를 초래한다 하더라도 이는 피고인이 수인해야 할 기본권의 제한에 해당한다."[44]라고 판시하였습니다.

또한 제3자가 권한 없이 다른 사람의 전자우편에 대한 비밀 보호 조치를 해제하는 방법으로 전자우편을 수집하여 증거로 제출된 사안에서 대법원은 "이 사건 전자우편을 발송한 피고인의 사

---

44) 대법원 2010. 9. 9. 선고 2008도3990.

생활의 비밀 내지 통신의 자유 등 기본권을 침해하는 행위에 해당한다는 점에서 일응 그 증거능력을 부인하여야 할 측면도 있어 보인다."라고 전제하면서도 해당 전자우편이 업무상 필요에 의해 활용되는 것으로 공공적인 성격이 있으며, 사안이 중대하고, 이미 1심에서 증거로 함을 동의한 점 등을 고려할 필요가 있다는 전제하에 "이 사건 전자우편을 공소사실에 대한 증거로 제출하는 것은 허용되어야 할 것이고, 이로 말미암아 피고인의 사생활의 비밀이나 통신의 자유가 일정 정도 침해되는 결과를 초래한다 하더라도 이는 피고인이 수인하여야 할 기본권의 제한에 해당한다고 보아야 할 것이다."라고 판시하기도 하였습니다.[45]

이러한 판례들을 보면, 법원은 사인에 의한 증거수집의 경우, 일정한 요건 하에 절차상 위법이 증거능력에 영향을 미치지 않는다고 해석하고 있는 것처럼 보이기도 합니다.

반면, 보험회사 직원이 보험회사를 상대로 소송을 제기한 교통사고 피해자들에 대한 증거수집을 목적으로 8일간 피해자들을 미행하거나 차량으로 추적하여 몰래 숨어서 일상생활 중에 장해부위를 사용하는 모습을 촬영한 사건에서 대법원은 "초상권이나 사생활의 비밀과 자유를 침해하는 행위를 둘러싸고 서로 다른 두 방향의 이익이 충돌하는 경우에는 구체적 사안에서의 사정을 종합적으로 고려한 이익형량을 통하여 위 침해행위의 최종적인 위법성이 가려진다."라고 전제하고 "사진 촬영 과정에서 미행·감시

---

45) 대법원 2013. 11. 28. 선고 2010도12244.

당함으로써 자신들의 일상생활이 타인에게 노출되는 것은 결코 피해 정도가 작다고 할 수 없고 굳이 이와 같은 행위를 할 필요성이나 효과성 역시 인정하기 어렵고 미행 및 차량 추적 등을 통해 몰래 촬영하는 등 침해 방법 또한 적절하지 아니하였다."라는 점 등을 이유로 보험회사 직원들의 행위를 불법행위에 해당한다고 판시하였습니다.[46]

특히 위 판결 이유 중 "소송당사자는 먼저 자신의 법 테두리 안에서 증거를 수집하여야 함은 물론, 이를 넘어서는 증거수집은 법적인 절차에 따라 하여야 하며 스스로 타인의 법 영역을 무단으로 침범하여 증거를 수집하는 것은 허용되지 아니한다."라고 지적하고 있는 점은 주목할 만합니다.

또한 지방법원 항소심 판결 중에는 선거관리위원회 직원이 제3자의 대화를 녹음한 내용이 기재되어 있는 녹취록과 관련하여 "녹음 사실을 미리 고지하지 하여야 하는 적법한 절차를 따르지 아니하였고, 이를 증거로 허용할 경우 사실상 수사기관에 의한 비밀 녹음을 허용하게 될 수 있다는 점, 이에 대한 증거능력을 배제하는 것이 형사 사법 정의를 실현하려 한 취지에 반하는 결과를 초래하는 것으로 평가될 만한 사정이 발견되지 않는다는 점" 등을 이유로 녹취록에 대한 증거능력을 부정한 사례도 있습니다.[47]

---

46)　대법원 2006. 10. 13. 선고 2004다16280.
47)　광주지방법원 2011. 2. 24. 선고 2010노2684.

이렇듯 사안에 따라 사인의 증거수집 행위의 적법성에 대한 판단이 달라지는 것은 이익형량 요소에 대한 법적 평가가 달라졌기 때문이라고 생각합니다. 결국 중요한 것은 어떠한 근거와 절차 및 방법에 따라 증거를 수집하였는지, 그 과정에서 침해를 최소화하기 위해 얼마나 노력하였는지 등이라고 할 수 있겠습니다.

또한 무엇보다 염두에 두어야 할 것은 이와 같이 법원의 해석이 갈리고 있는 점을 볼 때 최대한 적법절차를 지키는 것이 불필요한 오해와 분쟁을 야기하지 않는 길이라는 점입니다. 따라서 이러한 다툼이 예상되는 경우에는 미리 법률전문가의 자문을 거쳐 절차와 방식에 최대한 문제가 없도록 하는 것이 중요하다고 하겠습니다.

2) 증거보전 절차의 활용

「민사소송법」 제375조는 민사소송법상 증거보전의 요건을 규정하고 있습니다.

> 제375조(증거보전의 요건) 법원은 미리 증거조사를 하지
> 아니하면 그 증거를 사용하기 곤란할 사정이 있다고
> 인정한 때에는 당사자의 신청에 따라 이 장의 규정에 따라
> 증거조사를 할 수 있다.

「민사소송법」상 증거보전 절차는 쉽게 말해 미리 증거조사를 하지 않으면 나중에 그 증거를 사용하기 어려운 사정이 인정되는 경우 증거 확보를 위해 당사자의 신청으로 진행되는 절차로 관련 소송이 진행되기 전이라도 가능하며 증거조사 결과는 나중에 변론에 제출되면 소송상 증거조사와 동일한 효력이 인정됩니다. 이메일, 카카오톡, 문자 및 통화 내역 등 시간이 지나면 사라질 수 있는 증거나 당사자의 거부로 확보가 어려울 것으로 예상되는 증거들을 미리 확보할 수 있다는 장점이 있다고 하겠습니다.

내부조사의 경우 아직 본안 소송 전이지만 당사자가 동의하지 않거나 정보 자체에 접근하기 어려운 경우 이와 같은 증거보전 절차를 통해 사전에 증거를 확보하는 방안도 강구할 필요가 있다고 생각합니다.

다만 이 경우 사전에 증거조사를 해야만 하는 사정이 인정될 수 있도록 법원을 설득하는 것이 중요합니다. 만약 증거보전 절차를 활용하였으나 그 사유가 소명되지 않을 경우 오히려 조사를 더 어렵게 만들 가능성도 있기 때문입니다.

3) 컴퓨터로 작성된 문서의 증거능력

다음으로 내부조사 과정에서 취득한 이메일 등 전자 문서가 법정에서 증거능력을 인정받기 위해서는 어떠한 요건이 필요한지 살펴보도록 하겠습니다.

2016년 이전 「형사소송법」 제313조에 의하면, 진술서는 진술인의 서명 또는 날인이 있는 것으로 진술인이 법정에 증인으로 출석하여 자신의 진술과 서명날인임을 인정해야만 증거능력이 인정되었습니다.

그런데 여기서 문제는 대부분의 전자 증거 내지 그 출력물에는 서명날인이 존재하지 않는다는 점입니다. 따라서 위 조문을 그대로 적용하면, 결국 서명이나 날인이 없는 이메일 내지 전자 문서, 컴퓨터로 작성된 문서 등은 증거능력을 인정받을 수 없고 따라서 증거로 사용할 수 없다는 결론에 이르게 됩니다. 그러나 이러한 해석이 과연 타당한 것인지에 대해서는 계속 의문이 제기되고 있었습니다.

결국 이러한 문제의식이 반영되어 2016. 5. 28. 「형사소송법」이 개정되었으며[48] 이에 따라 서명날인이 없는 피고인 등이 작성하

---

48)   제313조(진술서 등)
① 전2조의 규정 이외에 피고인 또는 피고인이 아닌 자가 작성한 진술서나 그 진술을 기재한 서류로서 그 작성자 또는 진술자의 자필이거나 그 서명 또는 날인이 있는 것(피고인 또는 피고인 아닌 자가 작성하였거나 진술한 내용이 포함된 문자·사진·영상 등의 정보로서 컴퓨터용 디스크, 그 밖에 이와 비슷한 정보 저장매체에 저장된 것을 포함한다. 이하 이 조에서 같다.)은 공판 준비나 공판기일에서의 그 작성자 또는 진술자의 진술에 의하여 그 성립의 진정함이 증명된 때에는 증거로 할 수 있다. 단, 피고인의 진술을 기재한 서류는 공판 준비 또는 공판기일에서의 그 작성자의 진술에 의하여 그 성립의 진정함이 증명되고 그 진술이 특히 신빙할 수 있는 상태하에서 행하여 진 때에 한하여 피고인의 공판 준비 또는 공판기일에서의 진술에 불구하고 증거로 할 수 있다. [개정 2016.5.29]
② 제1항 본문에도 불구하고 진술서의 작성자가 공판 준비나 공판기일에서 그 성립의 진정을 부인하는 경우에는 과학적 분석 결과에 기초한 디지털 포렌식 자료, 감정 등 객관적 방법으로 성립의 진정함이 증명되는 때에는 증거로 할 수 있다. 다만, 피고인 아닌 자가 작성한 진술서는 피고인 또는 변호인이 공판 준비 또는 공판기일에 그 기재 내용에 관하여 작성자를 신문할 수 있었을 것을 요한다. [개정 2016.5.29]
③ 감정의 경과와 결과를 기재한 서류도 제1항 및 제2항과 같다. [신설 2016.5.29] [전문개정 61·9·1]

거나 진술한 내용이 포함된 문자, 사진, 영상 등의 정보도 일정한 요건 하에서는 증거능력이 인정되게 되었습니다. 즉 작성자로 추정되는 사람이 자기가 만든 문서가 아니라고 할 경우 '과학적 분석 결과에 기초한 디지털 포렌식 자료, 감정 등 객관적 방법'으로 작성자임을 인정할 수 있는 경우에는 증거능력을 인정할 수 있게 된 것입니다. 여기서 객관적 방법이란 문서 저장위치의 아이디, 비밀번호, 접속 로그기록, IP 주소, 작성자를 확인할 수 있는 초안 문서의 존재, 전자 서명 등을 예로 들 수 있습니다.

따라서 이메일이나 전자 문서의 경우, 형사소송에서 증거능력을 다툴 가능성에 대비하여 해당 문서의 출처와 작성자 등을 확인할 수 있는 메타데이터 등 객관적 자료를 확보해야 한다는 사실을 항상 염두에 두어야 할 것입니다.

4) 이메일 증거조사 시 주의사항

이메일은 내부조사에 있어 중요한 증거입니다. 대부분의 업무를 이메일로 처리하고 있는 현실을 고려할 때 그 중요성은 점점 커질 것으로 예상됩니다. 반면 이메일에는 사생활과 관련된 정보가 포함되어 있을 가능성이 커서 그 조사 및 열람에 신중을 기해야 합니다. 아무리 조사 목적이라고 해도 무분별하게 이메일을 열람하여 사생활의 비밀이 침해될 경우 법적 책임을 지게 될 가능성이 크기 때문입니다.

　최근에는 이메일의 활용이 늘어나면서 전수조사가 거의 불가능해짐에 따라 기술적 방법으로 처리한 후 키워드 검색 등의 방법으로 조사하는 경우가 많아지고 있습니다. 이러한 방법은 당사자의 사생활 침해를 최소화할 수 있다는 점에서도 의미가 큽니다. 또한 이러한 측면에서 이메일 조사 과정에 당사자의 참여권을 보장하고 의견 진술이 기회를 부여하는 것도 큰 의미가 있습니다.

　한편 당사자 내지 전산팀의 비협조로 이메일 조사가 어려울 때는 일단 보전조치를 취할 필요가 있습니다. 보전조치만 취하고 열람하지 않는다면 사생활 침해라는 주장을 하기는 어려울 것입니다. 실제 이를 위해 앞서 언급한 증거보전 절차를 활용한 사례도 있었습니다. 이러한 조치는 향후 형사 절차로 이전하여 압수수색을 통해 증거를 확보할 수 있도록 하는 한편 이를 통해 당사자의 협조를 이끌어 낼 수 있다는 점에 의의가 있다고 하겠습니다.

　이와 관련하여 실무상 이메일 서비스 제공업체를 통해 업무상 이메일을 사용하는 경우 이메일 확보에 애로를 겪곤 합니다. 서비스 제공업체에서 사용자의 동의가 없다는 이유로 제공을 거부하는 경우가 있기 때문입니다.

　실제 사례에서는 변호사 명의의 공문을 발송하여 조사의 정당성과 제공의 필요성을 설득한 결과 결국 이메일을 제공받기는 하였습니다만, 이러한 경우를 대비하여 이메일 서비스 제공업체와 계약 시 필요한 사항을 명확히 해 둘 필요가 있겠습니다.

5) 증거조사 시 유의 사항

(1) 적법절차의 준수

앞서 살펴본 바와 같이 증거는 적법한 절차에 따라 수집해야 합니다. 내부조사에서도 합법적인 절차에 따라 증거를 수집, 조사하는 것이 법의 정신에 부합하는 것이기 때문입니다.

내부조사는 결국 민·형사 또는 고용 관계 분쟁 등 법적 다툼으로 이어지는 경우가 많습니다. 이 경우 증거수집 절차에 문제가 있을 경우 조사의 신뢰성에 의문이 제기될 뿐만 아니라 본안에 대한 판단은 시작도 못한 채 증거로 쓸 수 있는지 없는지에 대한 절차적인 문제로 비용과 시간을 낭비하게 될 수 있습니다. 이러한 점을 고려할 때 적법절차의 준수는 불필요한 분쟁을 막고 분쟁을 조속히 해결하는데도 기여하는 바가 크다고 하겠습니다.

또한 적법절차의 준수는 조사의 원활한 수행을 위해서도 필요합니다. 내부조사는 당사자의 동의와 협조에 근거한 것으로 절차에 위법이 있어 상대방과 마찰이 생길 경우 내부조사 자체가 진행되기 어려워질 수 있기 때문입니다. 불법적인 증거조사는 해야 할 조사는 못한 채, 주거침입, 사생활 침해 등 불필요한 분쟁만 야기하고 부정행위자에게 괜한 빌미만 제공할 수도 있다는 점을 유념해야 합니다.

(2) 증거 수집 및 조사 절차의 기록

증거수집 및 분석, 조사 절차를 기록으로 잘 남겨 두어야 합니다. 이는 위법하게 수집한 증거를 사용할 수 있느냐는 문제와도 관련이 있습니다. 분쟁은 실체뿐만 아니라 절차도 대상이 될 수 있습니다. 조사절차 전반을 투명하게 남겨 두어야 나중에 있을 분쟁에서 증거로 사용할 수 있을 뿐만 아니라 조사자 방어도 가능할 수 있기 때문입니다.

특히 전산 자료의 경우 디지털 포렌식에서 강조되는 '보관의 연속성' 확보를 위해서도 일련의 절차를 기록으로 잘 남겨두어야 합니다. 보관의 연속성이 인정된다는 것은 결국 증거가 최초 수집된 상태에서 현재까지 어떠한 변경도 되지 않았다는 점이 인정된다는 것입니다. 예를 들어 부정행위자가 사용하던 컴퓨터에서 특정 파일을 증거로 확보했을 경우, 이를 증거로 사용하기 위해서는 해당 컴퓨터를 확보해서 삭제된 파일을 복구하고 그중 해당 파일을 확보할 때까지의 과정에 어떠한 조작이나 개입도 없었다는 점이 입증되어야 합니다. 이를 위해서는 그 일련의 절차가 기록으로 잘 보전되어 있어야 합니다.

별일 아닌 것 같은 일들이 실제 분쟁에서 중요한 문제로 대두되는 경우도 많습니다. 예를 들어 심문을 거부한 경우 언제, 몇 차례나 연락했고 통화 과정에서 무엇이라고 하면서 거부했는지 등은 나중에 중요한 쟁점이 되기도 합니다. 따라서 사소하게 생각될지도 모를 이런 일들도 잘 정리하고 기록해 두는 습관이 필요합니다.

수사기관의 출석요구에 거부 의사를 밝혔을 때 수사관은 그러한 사실을 보고서로 작성해 둡니다. 이는 몇 차례나 소환을 거부하였는지, 어떤 이유를 불출석했는지를 남겨둬야 나중에 당사자에 대한 조치에 반영할 수 있기 때문입니다. 내부조사를 담당하는 경우에도 사소한 일도 메모하고 기록으로 남겨 두는 습관을 길러야 합니다.

(3) 신속한 증거수집

신속한 증거수집의 중요성은 아무리 강조해도 지나치지 않습니다. 특히 디지털 증거의 경우 클릭 한 번으로 모든 자료가 삭제될 수도 있고, 정책에 따라서는 보존 기간에 제한이 있어 신속한 증거수집이 더욱 요구됩니다.

그러나 조사 준비 내지 초기 단계에서는 보안 유지의 필요성으로 인해 적극적인 증거수집에 제약이 있을 수 있고 담당 부서의 이해 부족으로 증거보전이 되지 않을 가능성도 있습니다. 또한 근거 없이 대상자를 확대할 경우 억울하게 오해를 받거나 구설수에 오르는 사람이 생길 수도 있다는 점을 고려할 때 무턱대고 대상자와 보전 대상을 확대할 수만도 없는 것이 현실입니다.

한편 최근 기업들이 비용, 보안상의 이유로 개인에게 제공하는 이메일을 위한 저장 공간과 보존 기간을 축소하는 추세입니다. 그러다 보니 보존 기간 경과 등으로 이메일이 자동 삭제되어 증거 확보에 애로를 겪는 경우가 많습니다.

또한 사전에 자료 보전의 필요성에 대한 교육이나 절차가 제대로 마련되어 있지 않을 경우에는 회사의 보안정책이나 사생활 침해 우려, 영업 비밀 유출 가능성을 이유로 담당 부서의 반발에 부딪칠 수도 있습니다. 그러나 열람 등 조사 착수 전 단계인 자료 보전만으로는 당사자의 사생활 침해가 발생한다거나 기업의 기밀이 유출될 우려가 있다고 보기 어렵다고 할 것이므로 이러한 이유들을 들어 자료 보전조치를 거부하는 것은 설득력을 갖기 어렵습니다. 무엇보다 신속한 증거 보전조치에 실패할 경우 이는 내부조사의 실효성을 떨어뜨리게 됩니다. 마지막으로 조사담당자는 자신을 위해서도 신속히 증거보전조치를 취해야 합니다. 이를 소홀히 하다 증거가 없어지면 증거 인멸의 책임을 져야 할 수도 있기 때문입니다.

(4) 갈등의 최소화

증거수집을 위해서는 불가피하게 다른 사람의 사생활 영역을 침범하게 됩니다. 아무리 회사에서 제공한 업무공간이고 이메일이라고 해도 오직 업무용으로만 사용하는 사람은 거의 없을 것입니다. 회사에서 제공한 휴대폰이고 설령 비용을 회사가 부담하고 있는 경우라도 하더라도 휴대폰에 저장된 개인정보까지 모두 열람할 수 있는 것은 아닙니다.

이렇듯 증거수집 및 분석은 항상 갈등을 내포하고 있는 업무입니다. 따라서 조사 담당자는 항상 상대방의 입장을 고려하고 갈등과 불만을 최소화할 수 있도록 주의해야 합니다. 자신의 주장을 입증하기 위해 적극적으로 증거자료를 제출하는 경우 외에는 100% 스스로 원해서 사물함이나 책상을 수색하는데 동의하거나 컴퓨터, 휴대폰을 제출하는 경우는 없다고 해도 과언이 아닐 것입니다. 실제 분석 과정에서 뜻밖에 불리한 자료가 확인될 경우에는 분명 동의를 하였음에도 동의의 유효성을 문제 삼고 나서는 경우도 적지 않습니다.

또한 증거수집 과정에서 당사자와 마찰이 벌어질 경우 이후 조사 전체에 악영향을 미칠 수 있습니다. 조사자가 업무로 증거를 확보할 필요가 있다는 점은 이해될 수 있을지 몰라도 그 과정에서 발생하는 감정의 앙금은 결국 조사 비협조, 불필요한 갈등 등으로 이어질 수밖에 없기 때문입니다.

간혹 기업의 의뢰를 받고 현장을 불시에 방문하여 업무공간을 수색하는 경우가 있습니다. 어느 현장에서나 반드시 불만을 표시하고 목소리를 높이는 사람들이 있기 마련이고 심지어 매우 격앙된 태도로 조사팀에 항의하는 경우도 있습니다.

사실 입장을 바꿔 생각해 보면 충분히 이해할 만도 한데 사람이다 보니 이런 반응을 접하면 좋지 않은 감정이 생기는 것이 사실입니다. 하지만 이럴 때 감정 조절에 실패하면 이후 제대로 조사를 진행하기 어렵게 된다는 점을 잘 알기에 최대한 마찰을 줄이고 설득하려고 노력하곤 합니다. 현장조사팀을 꾸릴 때도 사실 이런 점을 고려하여 다혈질이거나 지나치게 의욕 과잉인 사람은 자연스럽게 배제하게 됩니다. 아무튼 현장에서의 갈등은 금물입니다.

참고로, 수사기관에서나 변호사로서 내부조사업무를 할 때도 피조사자로부터 적극적인 협력을 이끌어 내고 진상을 토로하게 하는 사람은 강압적이고 무례한 수사관이 아니라 치밀하지만 따뜻하고 배려할 줄 아는 수사관이었다는 점을 말씀드리고 싶습니다.

(5) 리걸 테크에 대한 이해

리걸 테크(Legal tech)는 Legal technology의 줄임말로 정보통신기술 등 다양한 과학기술을 사법의 영역에 도입하여 사법 시스템을 개선하고 효율화하는 기술적 혁신과 방법론을 통칭한다고 할 수 있습니다.

현재는 컴퓨터로 문서를 작성하고 문서를 이메일로 전송하고, 법령·판례 등을 인터넷으로 검색하는 수준을 넘어 수작업으로는 불가능한 이메일, 전자 문서 등 엄청난 양의 디지털 데이터를 키워드 검색 등의 방법으로 조사할 수 있도록 처리하거나 컴퓨터나 휴대폰에서 삭제된 자료를 복구하는 등 그 활용 범위가 점점 확대되고 있습니다.

내부조사 업무의 핵심은 결국 증거 확보에 있고, 증거 대부분은 디지털 방식으로 저장·처리되고 있다는 점을 생각해 보면 이러한 정보통신기술 및 리걸 테크에 대한 이해와 활용은 아무리 강조해도 부족함이 없을 것입니다.

법률전문가가 아닌 일반인뿐만 아니라 변호사들 역시도 이러한 정보통신기술이나 리걸 테크에 익숙한 경우가 많지 않은 것이 현실입니다. 그러나 최근에는 이러한 기술들도 조금만 교육을 받으면 충분히 활용할 수 있을 정도로 사용하기 편해지고 있고, 특히 이러한 서비스를 제공하는 전문 업체도 늘어나고 있어 점점 활용도가 높아지고 있는 추세입니다. 이에 대해서는 다음에서 좀 더 자세히 살펴보도록 하겠습니다.

11 내부조사에서의 리걸 테크 활용

1) 디지털 포렌식의 활용

대검찰청의 '디지털 증거의 수집 분석 및 관리 규정'에 의하면, 디지털 증거는 범죄와 관련하여 디지털 형태도 저장되거나 전송되는 증거로서의 가치가 있는 정보를 말하며, 디지털 포렌식은 이러한 디지털 증거를 수집 분석 또는 보관하거나 현출하는데 필요한 기술 또는 절차를 말한다고 정의되어 있습니다.

디지털 포렌식은 리걸 테크의 한 분야로, 원래 형사절차에서 컴퓨터, USB 등 정보 저장매체에 저장된 디지털 정보를 수집, 분석, 처리하고 이를 증거로 제출하는 일련의 방법론이었습니다. 디지털 포렌식은 윈도우 등 운영체계와 각종 소프트웨어를 통해 모니터 상에서 확인되는 정보만을 대상으로 하는 것이 아니라 하드디스크 등 정보 저장매체를 직접 분석대상으로 삼아 실제 매체에 남아 있는 정보를 확인하기 때문에 일반적으로는 확인할 수 없는 삭제되거나 멸실된 정보까지도 복구하여 이를 증거로 삼을 수 있다는 점에 가장 큰 특징이 있습니다.

이처럼 주로 형사절차에서 활용되던 디지털 포렌식이 최근에는 법률 분야 전반으로 적용범위가 크게 확대되고 있습니다. 현대사회 대부분의 정보가 디지털 방식으로 생산·처리되고 있다는 점에서 그 중요성은 점점 커질 것으로 예상되고 있습니다.

최근 수사기관의 압수수색에서 가장 중요한 것 역시 디지털 포렌식을 통한 이메일, 전산 자료 등 디지털 자료의 압수수색입니다. 여론의 관심이 집중된 대형 사건뿐만 아니라 일반 형사사건에 이르기까지 이제 디지털 포렌식을 활용한 증거수집은 당연한 것이 되었습니다.

내부조사에서도 디지털 포렌식은 필수적으로 활용되고 있습니다. 회사 기밀이나 영업 비밀을 유출한 것으로 의심받고 있는 전직 직원의 컴퓨터에서 디지털 포렌식 기법을 활용하여 삭제된 정보를 복구하고 유출 경로를 확인하여 범죄 증거를 찾는 것은 이제 당연한 일이 되었습니다. 이와 관련하여 실무상 안타까운 점은 아직도 많은 기업이 예산상의 문제 등으로 퇴사자가 사용한 컴퓨터 등 전산장비에 대한 보존 조치를 등한시하고 있다는 사실입니다. 최소한 퇴사자가 사용하던 컴퓨터를 제대로 보전만 해도 나중에 있을 분쟁에 유효한 수단으로 활용할 수 있다는 점을 명심할 필요가 있습니다.

그 외에도 디지털 포렌식은 다양한 분야에서 활용되고 있습니다. 사실 그간 법률 업무는 의뢰인에 의해 전달된 '사실'을 법적으로 평가하고 이에 대한 자문 내지 분쟁을 처리하는 업무였다고 할 수 있습니다. 그러나 이러한 접근은 결국 전달된 사실이 진실인지에 따라 소송이나 협상 전략의 성패가 좌우된다는 점에 문제가 있습니다.

법적 분쟁은 대부분 '사실'이 무엇이냐에 따라 결정될 수밖에 없다는 점에서 앞으로 법률 업무는 의뢰인이 파악하고 있는 사실이 정말 사실인지를 검증하는 것에서부터 출발해야 한다고 생각합니다. 이러한 측면에서 의뢰인과 함께 증거를 찾고 사실이 무엇인지를 재검토하는 일은 점점 중요해질 것이며, 그에 따라 디지털 포렌식의 중요성 역시 커질 것으로 예상됩니다.

[디지털 포렌식 기법으로 연쇄살인범을 검거하다
– The BTK Killer 사건]

미국에서 디지털 포렌식을 통해 해결한 사건으로 가장 많이 언급되고 있는 것이 The BTK Killer 사건입니다. BTK는 범인의 별칭으로 Bind(묶다), Torture(고문하다), Kill(죽이다)의 약자라고 합니다.

이 사건의 범인인 데니스 레이더는 1974~1991년에 걸쳐 10명을 무참하게 살해하고도 최초 범행 후 30년이 넘도록 검거되지 않다가 2005년에야 검거된 최악의 연쇄살인범이었습니다.

장기미제였던 이 사건의 결정적 실마리를 제공한 것은 범인이 2005년경 자신의 범행을 과시하기 위해 언론사에 보냈던 1장의 플로피 디스크였습니다.

경찰은 그 플로피 디스크에서 삭제되었던 마이크로소프트 워드 파일의 메타 데이터를 복구하여 해당 문서가 "데니스"라는 사람이 교회에서 작성한 문서라는 점을 확인한 끝에 무려 31년 만에 범인을 검거할 수 있었다고 합니다.

2) 휴대폰은 증거의 보고

휴대폰 역시 디지털 포렌식 분석 대상입니다. 최근에는 모바일 포렌식이라는 이름으로 각광받고 있습니다. 현대사회에서 개인에게 휴대폰이 어떤 의미인지는 굳이 강조할 필요가 없을 것입니다. 개인의 모든 것이 휴대폰에 저장되어 있다고 해도 과언이 아닐 정도입니다.

모바일 포렌식은 이러한 휴대폰, 태블릿PC 등에 저장되어 있는 통화 내역, 문자 송수신 내역, 카카오톡 대화, 위치정보, 사진, 이메일, 동영상 등 일체의 정보를 복구, 수집하는 기술입니다. 연일 언론을 장식하는 대형 사건에서 빠지지 않고 언급되는 것이 카카오톡 메시지 등 휴대폰과 관련된 정보입니다. 모바일 포렌식은 3주간이나 물속에 있던 휴대폰의 메모리를 분석하여 범행을 모의하는 내용이 포함된 문자메시지를 확보해 증거로 활용할 수 있을 정도로 점점 고도화되고 있습니다. 또한 휴대폰을 컴퓨터와 동기화하거나 특정 애플리케이션을 컴퓨터와 연동하여 사용하는 경향이 늘어나면서 휴대폰이 없더라도 컴퓨터 등을 통해 휴대폰의 중요 데이터를 확보할 수 있는 경우도 점점 늘고 있습니다.

반면 휴대폰은 확보가 어렵다는 것이 단점입니다. 휴대폰의 압수수색은 사생활 침해 가능성이 워낙 커서 압수수색영장 발부 기준이 다른 압수물에 비해 더 높을 정도입니다. 내부조사는 원칙적으로 당사자의 동의에 의한 조사라는 점에서 휴대폰의 확보는 더욱 어려운 문제입니다. 이는 개인이 개통하여 사용하는 것은 말할 것도 없고 기업에서 업무용으로 지급한 휴대폰 역시 마찬가지입니다.

이와 관련하여 하급심 판결 중 업무용 단말기에 저장된 개인정보가 「개인정보보호법」상 개인정보에 해당하는지와 관련하여 다음과 같이 판시한 사례가 있습니다.

> "(전략) 원고에게 지급한 단말기는 업무 지원을 목적으로 하고 있고, 그 명의가 피고 회사로 되어 있으며, 단말기 일부 금액 및 통신비 전액을 피고 회사가 부담하고 있는 사실은 당사자 사이에 다툼이 없다. 그러나 한편······ 업무용 단말기는 피고 회사의 노사 간의 단체교섭을 통하여 임금 분야와 관련하여 피고 회사가 피고 회사의 업무 구분의 제한 없이 통신 보조비를 전액 지원하기로 합의함에 따라 지급된 것으로 임금보전적 복리후생적 성격이 있는 점, 업무용 단말기에 실사용자를 등록하도록 하고 있고, 지원 조건에 있어서도 직원 본인이 사용하는 것 이외에 다른 제한 조건이 없을 뿐만 아니라, 피고 회사 또한 그러한 사용을 허용하고 있는 것으로 보이는 점 등을 종합하면, 원고에게 제공된 업무용 단말기에 업무 목적이 있다는 이유만으로 원고가 사용하고 있는 업무용 단말기 내에 저장된 원고의 개인정보 또는 위 업무용 단말기를 통해 알 수 있는 원고의

개인정보가 「개인정보보호법」의 보호대상이 아니라고는 할
수 없다."[49]

위 판결에서 보듯이 회사가 지급한 업무용 휴대폰이라 할지라
도 내부조사를 목적으로 함부로 들여다볼 수는 없습니다. 또한
열람이나 조사 이전에 당사자의 동의 없이는 휴대폰 자체를 제공
받기 어렵다는 점에서 그 자체로 한계가 있습니다.

그러나 실무상으로는 의외로 휴대폰 확보가 가능한 경우가 많
습니다. 본인의 알리바이나 피해 사실을 입증하기 위해 스스로
제출하는 사례가 늘고 있기 때문입니다. 휴대폰 1대를 분석해보
면 수천 페이지에 이르는 많은 정보가 확인됩니다. 휴대폰 보안
이 점점 강화되고, 새로운 매체의 등장으로 복구 가능성이 떨어
지고 있을 뿐만 아니라 다양한 방법으로 정보 삭제를 시도하는
등 많은 복병이 도사리고 있는 것은 사실입니다만, 휴대폰은 여
전히 증거의 보고입니다.

3) 디지털 포렌식의 확장

한편 최근에는 디지털 포렌식이 CCTV, 드론, AI 스피커, 자동
차 등 인간이 사용하는 거의 대부분의 장비로 확대되고 있는 추

---

49) 수원지방법원 성남지원 2017. 4. 4. 선고 2015가합206504.

세입니다. 특히 자동차의 경우 전자 장비가 차지는 비중이 점점 커지면서 자동차 포렌식을 통해 GPS를 통한 이동 경로, 블루투스로 동기화된 휴대폰 통화 내역, 문자메시지, 차량의 속도, 기어 변속 정보, 심지어 운전석 출입문의 개폐 시점까지도 확인할 수 있게 되었습니다.

이러한 디지털 포렌식의 확장은 디지털 혁명의 확대에 따른 자연스러운 현상으로 앞으로도 그 대상 기기는 점점 늘어나 결국 디지털 정보를 통해 개인의 모든 행적이 복구 가능한 수준에까지 이를 것으로 예상됩니다. 사생활 침해 가능성이 높아진다는 점에서는 큰 위협입니다만 증거 확보라는 차원에서는 조사자의 발상에 따라서는 얼마든지 증거를 찾을 수 있다는 이야기로도 해석될 수도 있는 현상이라고 하겠습니다.

4) 찾으려는 자와 숨기려는 자의 싸움: 안티 포렌식

디지털 포렌식이 발전하고 있는 만큼이나 그에 반대되는 안티 포렌식도 발전하고 있습니다. 디지털 포렌식이 정보 저장매체에 직접 접근하여 남아 있는 정보를 분석하는 기법이라면 안티 포렌식은 매체 자체에서 정보를 완전 삭제 또는 훼손해 버리거나 기존 데이터를 덮어씌워 복구 가능성을 없애는 기법입니다.

사실 안티 포렌식이 증거를 삭제하고 없애기 위한 기법으로 고안된 것이라고 보기는 어렵습니다. 정보 보안이라는 측면에서는 분명히 필요한 기술이기 때문입니다. 즉 국가 안보 관련 군사기밀이나 기업의 핵심 기술, 고객정보 보호 등을 위해 데이터를 복구 불가능한 방법으로 폐기하는 것은 반드시 필요한 기술입니다.

기업이 사용하던 전산 기기를 함부로 버릴 경우, 그 안에 저장되어 있던 각종 정보들이 제3자의 손에 들어갈 수 있습니다. 개인 역시 휴대폰 등 정보 저장매체에 저장된 사생활 정보를 완전히 삭제하지 않을 경우 그 안에 저장된 민감한 개인정보가 유출될 수 있습니다.

바로 이러한 측면에서 안티 포렌식은 중요한 기능을 담당하고 있습니다. 이를 증거 인멸, 조사방해 등의 목적으로 활용하는 것이 문제 되는 것이지 기술 자체가 문제 되는 것은 아닙니다.

따라서 이 문제는 기술 자체의 문제라기보다는 법과 규범의 측면에서 접근하고 해결해야 할 문제라고 생각합니다. 2019. 3. 14. 서울중앙지방법원은 수많은 인명피해를 초래한 가습기 살균제 사건과 관련하여 증거 인멸 등 혐의로 검찰에 의해 영장이 청구된 모 대기업 간부에 대한 구속영장을 발부하였습니다. 아직 법원 선고 전이기는 하나 해당 간부가 변호사였다는 사실은 더 큰 충격으로 다가왔습니다. 증거 인멸 행위는 중대한 범죄행위이며 앞으로 그 처벌은 더욱 강화될 것으로 예상됩니다. 또한 앞으로는 이러한 행위에 가담한 개인이 해당 사건의 피해자로부터 거액의 손해배상청구를 당할 가능성도 배제할 수 없습니다.

이러한 분위기가 확대되어 안티 포렌식을 통한 증거 인멸은 생각할 수 없는 일이라는 인식이 확대되고 문제가 발생하면 가장 먼저 증거보전 조치부터 취하는 것이 당연한 것으로 받아들여지길 기대합니다.

5) 모래사장에서 바늘을 찾다: 빅데이터 분석

또한 최근에는 빅데이터 분석 기법 역시 내부조사에서 중요하게 활용되고 있습니다. 개인이나 기업이 만들어내는 정보의 양이 폭증함에 따라 방대한 데이터에서 찾고자 하는 정보를 쉽고 빠르게 찾고 검토할 수 있는 기술이 중요해졌기 때문입니다.

아무리 많은 이메일이라도 기술적 처리를 거치면 송수신 내역 등을 통해 당사자들의 관계가 일목요연하게 정리되고, 사진 파일 속에 포함된 기종, 위치 정보 등 다양한 정보를 검색, 활용할 수 있게 됩니다. 이러한 기술은 이미 수사기관에서도 널리 활용하고 있습니다. 압수되는 디지털 정보의 총량이 점점 늘어나고 있기 때문입니다.

사실 이제는 조사 대상 자료의 부족이 문제 된다기보다는 너무 많아서 일일이 살펴볼 수 없는 것이 더 큰 문제가 되고 있는 실정입니다. 기업의 모든 업무가 전산화되고, 그로 인해 만들어지는 데이터만 해도 엄청나기 때문입니다.

디스커버리 제도(법정증거개시 제도)가 발달한 미국에서는 이미 방대한 데이터를 얼마나 효율적으로 처리, 분석하여 이를 법정에 개시하느냐가 소송의 승패가 좌우되고 있습니다. 또한 이 디스커버리(e-discovery)에서 활용되고 있는 모델(EDRM, Electronic Discovery Reference Model)은 내부조사에서도 적극 활용되고 있습니다.

일례로 국제적 부패 스캔들로 큰 위기에 처했던 독일 지멘스사의 경우, 자체 내부조사 과정에서 8,200만 건의 전자 문서를 검색하고 그중 1,400만 건의 문서를 검토했으며, 3,800만 건의 거래 자료와 1,000만 건의 은행 기록을 검토했다고 합니다. 이런 규모의 자료조사는 EDRM을 활용한 조사 전문 프로그램 활용 없이는 불가능합니다.

2008년에 있었던 약 2조 원 상당의 도시바 회계 부정 사건에서도 진상조사 위원회에 의한 사내조사 과정에서 전 대표가 임원에게 분식회계를 지시한 메일이 발견된 것이 사안 규명에 결정적인 역할을 하였습니다. 수많은 메일 중에 이러한 결정적 증거를 찾을 수 있었던 것 역시 위에서 언급한 조사 전문 프로그램의 도움 덕분이었다고 할 수 있습니다.

또한 이러한 분석 도구는 사생활 침해를 막고 적법절차를 준수한다는 측면에서도 중요합니다. 조사 절차의 적법성과 최소 침해성이야말로 조사의 공익적 요구와 피조사자의 사생활 침해라는 충돌하는 가치를 해결하는 수단이며 이를 위해서는 전수조사를 통한 무차별적 열람이 아닌 키워드 검색 등 침해를 최소화할 수

있는 방법을 활용해야 한다는 점에서 이러한 방법론은 큰 의미를
갖는다고 하겠습니다.

[EDRM이란?]

Electronic Discovery Reference Model

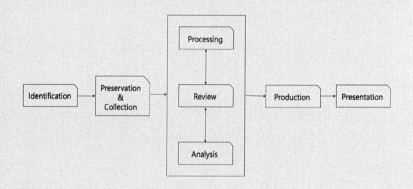

   이 그림은 이 디스커버리(e-discovery)의 표준모형인 EDRM(Electronic Discovery Reference Model)이 어떻게 구성되어 있는지를 보여주고 있습니다.[50] 이를 요약하면 결국 이 디스커버리는 전자 정보의 식별, 보존, 수집, 처리, 검토, 분석, 제출 등의 절차로 이루어져 있다고 할 수 있습니다. 내부조사는 법원에 개시하는 것을 목적으로 하는 것이 아니라는 점을 제외하고는 거의 대부분 위와 같은 절차를 통해 사실 확인에 필요한 증거를 수집하게 됩니다.

---

50) https://www.edrm.net/frameworks-and-standards/edrm-model/edrm-diagrams-a-history/

현장조사

　내부조사 과정에서 직접 현장을 방문하고 확인하려고 노력하는 것은 매우 중요합니다. 머릿속으로만 생각해서는 풀리지 않는 문제들이 현장을 확인하면 의외로 쉽게 해결되는 경우가 적지 않습니다. 특히 현장이 아니면 들을 수 없는 생생한 목소리를 확인하는 것은 사안 해결에 큰 도움이 될 수 있습니다. 우연히 예상치 못했던 중요한 진술을 듣게 되는 경우도 있습니다.

　따라서 번거롭고 귀찮더라도 한 번 더 움직이고 현장을 확인하려고 노력해야 합니다. 사실 법률전문가들이 흔히 범하는 오류 중 하나가 현장의 중요성을 간과하는 것입니다. 내부조사의 핵심은 사실관계의 파악이며 이를 위해 필요한 것은 가정과 추론에 근거한 논리보다 발로 뛰는 현장 중심의 사고입니다.

　사건을 하다 보면 고객이 분명히 없다고 한 자료들이 직접 현장을 방문해 보면 버젓이 존재하는 경우가 있습니다. 왜 자료가 없다고 했냐고 물어보았더니 담당자가 없다고 해서 그렇게 알고 있었다는 것입니다. 실제 해당 폴더를 확인해 봤으면 금방이라도 확인할 수 있는 자료였습니다. 사내 회식 자리에서의 폭행 사건에서 당사자의 진술이 엇갈려 판단하기 어렵다는 하여 현장에 직접 가보니 인근에 설치되어 있는 CCTV를 발견하고 폭행 당시의 영상을 확보한 경우도 있습니다. 답은 현장에 있습니다.

마지막으로 현장조사를 실시할 경우 그에 따른 현장조사 보고서를 작성해야 합니다. 보고서에 특정한 형식이 있는 것은 아니지만 조사자, 참여자, 조사 일시 및 장소, 조사 결과 및 확인된 사항 등을 기재하고 현장에서 청취한 진술이나 그 촬영한 사진, 제출받은 자료 등을 첨부해야 합니다.

·제3장·

내부조사의 종료

사실 인정 및 조사 결과 보고

내부조사를 하다 보면 단계별로 여러 유형의 보고서가 작성됩니다. 착수보고, 중간보도, 심문 결과 보고, 현장 조사 보고, 포렌식 분석 결과 보고 등을 그 예로 들 수 있습니다. 그중 가장 중요한 것은 최종 조사 결과 보고입니다. 그 보고 대상은 조사팀 내부에서 조사 결과를 마무리하기 위해 작성되는 것에서부터 감사, 이사회, 주주 나아가 수사 및 감독당국이나 언론기관을 대상으로 하는 것일 수도 있습니다.

일반적으로 조사 결과 보고는 그간의 조사 경과 및 증거관계, 사실인정 및 그에 따른 조치의견 및 재발방지 대책까지를 포함하는 내부조사의 완결판이라고 할 수 있습니다. 또한 조사 결과 보고에 포함된 내용에 따라서는 관련자 및 기업의 법적책임 및 문제점들이 거론될 수 있고 해당 자료가 외부에 공개될 가능성도 배제할 수 없기 때문에 작성 과정에서 여러 차례에 걸친 신중한 검토가 필요하며 법률전문가의 감수를 거치는 경우도 많습니다.

서면으로 조사 결과 보고서가 작성될 경우 대개는 다음과 같은 사항이 기본적으로 포함됩니다.

1. 개요
    (1) 조사경위
    (2) 조사대상
    (3) 조사방법
    (4) 조사기간

2. 사실인정
    (1) 증거관계
    (2) 인정사실

3. 관련자들에 대한 조치
    (1) 인사조치
    (2) 민·형사 등 법적 조치

4. 재발방지대책
    (1) 재발방지조치
    (2) 내부통제시스템 개선 등

여기서는 위 기재 사항 중 사실인정 부분에 대해서만 간략히 살펴보도록 하겠습니다. 심문, 증거수집 등 조사가 마무리되면 이를 종합하여 무엇이 사실인지, 사실관계를 확정해야 합니다. 이를 사실인정이라고 합니다. 사실인정은 증거에 기초해야 하며 따라서 사실인정을 위해서는 증거판단이 선행되어야 합니다. 또한 이를 위해서는 물적 증거와 진술 증거를 구분해서 어떤 증거가 조사되었는지 적시하고 개개의 증거에 대한 판단을 거쳐야 합니다.

사실인정은 건전한 상식을 가진 객관적인 제3자의 시각에 입각하여 판단해야 하며 결론 역시 합리적이고 타당한 것이어야 합니다. 진술보다는 물적 증거가 우선하며 진술 역시 객관적 위치에 있는 사람의 진술을 우위에 두는 것이 원칙입니다. 주장이 배척되는 당사자에게 원칙적으로 최종 사실인정 전에 반론 및 반대증거를 제출할 기회를 부여하고 이에 대해 판단해야 합니다.

특히 상반되는 진술의 경우 배척된 진술도 모두 기재하고 어떠한 이유로 각각의 진술이 채택 내지 배척되었는지에 대해서도 설명해야 합니다.

가급적 물적 증거에 뒷받침되는 진술을 채택하는 것이 원칙입니다만 물적 증거 없이 진술만 있는 경우가 문제입니다. 이 경우에는 관련자들의 진술과 관련된 정황증거를 바탕으로 판단할 수밖에 없을 것입니다. 이러한 판단은 나중에 법적인 분쟁으로 이어질 경우를 대비해서 가급적 법률 전문가의 검토를 거치는 것이 필요하다고 하겠습니다.

마지막으로 보고서 작성과 관련하여 특히 유념할 사항은, 보고서 및 관련 자료의 보안 유지에 철저를 기해야 한다는 것입니다. 이는 조사 결과를 은폐하자는 취지가 아닙니다. 조사 과정에서 작성된 최초 보고서, 중간보고서 등에는 나중에 사실이 아닌 것으로 확인된 각종 의혹이 포함되어 있을 수 있습니다. 그런데 이러한 자료들이 외부에 공개될 경우 자칫 불필요한 오해를 야기할 수 있기 때문입니다.

최종 보고서 역시 마찬가지입니다. 생산된 자료가 언제 외부에 공개될지 모른다는 전제하에 표현 하나하나를 신중히 선택하고 가급적 전문가의 검토를 거칠 필요가 있습니다.

또한 당사자의 사생활 보호와 기업의 기밀정보를 보호하기 위해 보안 조치를 취해야 합니다. 보고서에 등장하는 인물들에 대해 익명 처리를 하는 등 알아볼 수 없도록 하고(비식별화) 기업의 기밀정보가 없는지 꼼꼼히 살피는 한편, 비밀번호를 설정하는 등 보고서 자체를 암호화할 필요가 있습니다.

반면 사회적 파장을 일으킨 중대한 사안의 경우에는 조사 결과를 일반에 공개하여 소비자와 대중, 즉 여론을 설득하는 수단으로 활용하는 방안도 검토해 볼 필요가 있습니다. 사안이 심각할수록 여론의 향배가 더 중요할 수 있기 때문입니다.

우리에게는 다소 낯선 모습이지만, 인터넷을 검색해보면 해외 저명한 기업들의 내부조사 보고서를 쉽게 찾아볼 수 있습니다. 이는 준법경영과 내부조사 관행이 정착된 외국이라 가능한 일일 수도 있겠습니다만, 조사 결과에 대한 객관성과 공신력을 높이고 세간의 의혹을 해명한다는 차원에서는 생각해 볼 만한 조치입니다. 다음에 이어서 살펴보도록 하겠습니다.

조사 결과 공개 여부 및 유의사항

기업이 부정행위의 발생 및 내부조사 결과를 공개할지 여부는 해당 기업 특성, 부정행위로 인한 피해 정도와 사안의 중대성, 사회적 파급효과, 2차 피해 여부 등 여러 가지 요소를 신중히 고려하여 결정해야 합니다. 물론 상장회사 내지 금융기관 등 법령에 따라 공개하도록 규정되어 있는 경우는 당연히 공개해야 함은 물론이지만 비록 법으로 공개가 요구되지 않는 경우라 하더라도 사안에 따라서는 이를 공개해야 할 경우도 있을 수 있습니다.

만약 중대한 부정행위가 발생하였고 이러한 사실을 알고 있었음에도 적절한 조치를 취하지 않다가 추후 언론 보도 등을 통해 알려진 경우 해당 기업은 큰 비난을 면키 어려울 것입니다. 또한 이는 단순한 도덕적 비난에 그치는 것이 아니라 기업이 해당 사실을 은폐하려고 하였다거나 심지어 공범이라는 오해를 불러일으킬 수도 있다는 점에서 더욱 유의해야 합니다.

따라서 사회적인 파장이 우려되는 중대한 사안의 경우에 있어서는 기업이 적극적으로 그 원인과 경위를 파악하여 적절한 조치를 취하고 선제적으로 이를 공개하고 해명할 필요가 있습니다.

특히 문제된 부정행위로 인해 고객 등 제3자에게 피해가 발생할 가능성이 있는 경우에는 피해 발생 및 확대를 막기 위해서라도 신속히 관련 사실과 조치내역을 공개해야 합니다. 만약 이러한 공개가 늦어져 추가 피해가 발생하는 경우 기업은 엄청난 비난과 함께 무거운 법적 책임을 부담할 수밖에 없을 것이기 때문입니다.

또한 만약 해당 부정행위로 인해 임직원에 대한 수사가 진행 중이거나 감독당국의 조사가 진행 중인 경우 조만간 언론을 통해 세상에 알려질 가능성이 높습니다. 이러한 경우 기업은 수사 및 조사에 수동적으로 대응하는 것에 그치지 말고 자체 조사를 통해 조사 결과를 공표하고 법과 원칙에 따라 처리하는 모습을 보이는 것이 현명한 선택입니다.

결론적으로 어떤 정보를 어느 단계에서 공개하느냐는 문제는 일률적으로 말할 수 없는 부분이긴 합니다만, 준법경영과 기업의 사회적 책임이 강조되고 있는 추세를 고려할 때 내부조사의 공개에 대해 좀 더 적극적인 태도를 보일 필요가 있다고 생각합니다.

다만 이 경우에도 확인되지 않은 사실이나 풍문이 함부로 언급되지 않도록 해야 합니다. 아울러 공개 방식은 기자회견, 관련자 개별 통지, 홈페이지 공개, 신문광고 등 다양한 방법이 있을 수 있으나 그 어떤 경우이든 문구와 수위를 신중히 결정해야 할 것입니다.

다음으로 내부조사의 사내 공개와 관련된 문제를 살펴보도록 하겠습니다. 내부조사의 사내 공개 여부 및 그 시점 또한 실무상 종종 문제 됩니다. 먼저 조사 준비 단계에서는 보안 유지의 필요성이 크다는 점에서 사내 공개는 적절하다고 보기 어렵습니다. 아무래도 이 단계에서는 증거인멸 내지 진술조작을 시도할 가능성이 크기 때문입니다.

사실 내부조사 업무를 수행하다 보면, 관련 부정행위가 단순히 언급된 개인만이 아니라 조직적인 비리라는 사실이 확인되는 경우가 많습니다. 특히 비리의 뿌리가 깊고 범죄수익이 큰 경우에는 더욱 그렇습니다. 이러한 경우 내부조사의 진행이 매우 어려울 뿐만 아니라 다양한 유형의 방해 공작에 시달리게 됩니다, 특히 이런저런 이유로 증거자료가 없어지거나 사전에 말을 맞추는 경우도 많습니다. 따라서 조사 초기에는 정보 공개보다는 최대한 보안을 유지하는 것이 중요합니다.

그러나 조사가 어느 정도 마무리되고 각종 조치가 이행될 무렵에는 재발 방지 및 조직 신뢰 회복을 위해서라도 조사 결과를 투명하게 공개할 필요가 있습니다. 특히 임직원들이 회사의 문제를 언론을 통해 비로소 알게 되는 것은 조직에 대한 신뢰를 무너뜨리는 계기가 될 수도 있다는 점에 유의할 필요가 있습니다.

간혹 공개할 의무가 없다는 이유로 쉬쉬하며 사내 공개를 꺼리는 경우가 있습니다만, 이는 사실 매우 현명하지 못한 태도입니다. 앞서 말씀드렸듯이 내부조사가 진행되고 있다는 사실은 공공연한 비밀인 경우가 많고 구성원들이 그 조사 상황 및 결과를 예의주시하고 있기 때문입니다.

한편 추가 비리 확인 내지 관련 진술 확보를 위해 자진신고제도, 소위 핫라인을 운영한 경우 자연스럽게 내부 구성원들에게 내부조사 사실이 알려지게 됩니다. 그런데 조사가 마무리된 이후 어떻게 결론이 나고 처분되었는지를 알리는 일에는 소홀한 경우가 많습니다.

물론 이러한 사실이 공개될 경우 이로 인해 또 다른 분란이 이어질 수 있다는 점을 우려하는 것은 충분히 이해할 수 있습니다. 그러나 내부조사는 기업의 구성원들에 대한 생생한 교육의 장이 된다는 점에서 그 처분 결과를 알리고 다시는 그와 같은 일이 재발하지 않도록 하는 것이 중요하다고 생각합니다.

또한 이와 같이 내부조사를 공개하는 것은 조사 및 사후 조치를 좀 더 객관적이고 공정하게 하는 계기로도 작용할 것입니다. 부당한 외압을 행사하거나 공정하지 못한 처분을 하기 어려울 수밖에 없기 때문입니다.

03 수사기관 및 감독당국에 대한 조치

　내부조사 결과 범죄 혐의가 인정되거나 감독당국에 해당 사실을 신고해야 하는 경우가 발생할 수 있습니다. 특히 부정행위가 국민의 신체, 건강, 재산에 영향을 미칠 수 있는 경우라면 이는 매우 민감한 문제가 됩니다.

　먼저 조사 결과에 따라 관련 임직원에 대한 형사 조치를 취해야 하는지에 정해진 답은 없습니다. 이는 결국 사안의 중대성과 사회적 파장 등을 고려하여 신중하게 결정하는 수밖에 없습니다. 실제 내부조사 과정에서 사실관계 확인과 원인 파악 및 이를 통한 재발방지대책 수립에 중점을 두고 조사에 협조할 경우 형사 조치는 취하지 않기로 합의하는 경우도 있습니다. 이러한 조치를 위법이라고 하기는 어렵다고 할 것입니다.

　그러나 국민 생활에 치명적인 악영향을 미치는 범죄 등 중대한 범죄의 경우에는 이러한 형사조치 면제를 위한 합의는 사실 큰 의미가 없는 경우가 많습니다. 이러한 합의에도 불구하고 결국 제3자의 고소·고발 내지 수사기관의 인지수사가 진행될 수밖에 없기 때문입니다. 자칫하면 이러한 합의를 사건 은폐 시도로 매도당할 수도 있습니다. 해결하기 매우 어려운 난제이기는 합니다만 이러한 경우에는 내부조사를 병행하되 가급적 빨리 고소·고발 조치를 취할 필요가 있습니다.

또한 이러한 경우 내부 조사 과정에서 수집한 증거의 보전과 관리에 특히 유념할 필요가 있습니다. 내부조사 과정에서 증거가 인멸되었다거나 사전에 말을 맞추었다는 등의 의심을 살 수도 있기 때문입니다.

다음으로 감독당국에 대한 신고의 경우를 검토해 보도록 하겠습니다. 임직원의 부정행위가 있을 경우 감독당국에 신고해야 하는 경우가 있습니다. 이러한 경우에는 당연히 해당 규정에 따라 감독당국에 신고해야 합니다. 개인정보 유출 통지 신고 내지 금융사고 신고 등을 그 예로 들 수 있을 것입니다.

또한 법령상 요구사항은 아니더라도 특정 사항에 대해 감독당국에서 그 경위 및 조치사항을 보고할 것을 요구하는 경우도 있습니다. 이러한 경우에는 당연히 감독당국에 보고하고 필요한 조치를 이행해야 할 것이며 조사 결과도 추후 보고해야 할 것입니다.

04

자료 관리

내부조사가 끝나고 나면 그 과정에서 만들어진 문답서, 보고서, 수집한 이메일 등 전산 자료, 정보 저장매체 등 자료들을 폐기할지 아니면 보존할지, 보존한다면 언제까지 보관해야 할지 등의 문제가 발생합니다.

여기서 우선 고려할 점은 내부조사가 끝났다고 해서 모든 절차가 마무리된 것이 아니라는 점입니다. 내부조사가 끝나면 후속조치가 따르기 마련이며 이에 대한 분쟁의 여지는 여전히 남습니다. 따라서 내부조사가 끝났다고 해서 관련 자료를 폐기하는 것은 성급한 조치입니다. 또한 만약 해당 부정행위가 형사 범죄가 성립하는 경우라면 관련 자료의 폐기는 증거 인멸죄에 해당할 수도 있습니다.

따라서 내부조사가 끝나도 관련 자료는 보존하는 것이 원칙입니다. 다만 조사와 관련된 모든 자료를 보관하는 것은 적절하지도 가능하지도 않습니다. 또한 보관 대상이라고 하더라도 그 대상과 범위, 시기를 어떻게 할 것인지는 사안에 따라 다릅니다. 조사담당자가 임의로 판단하지 말고 법률전문가의 검토를 거쳐 신중히 결정해야 할 것입니다.

이와 관련하여 내부조사에서 생성된 자료에 변호인-의뢰인 특권이 인정되느냐는 문제도 생각해 볼 필요가 있습니다. 만약 이러한 특권이 인정된다면 해당 자료들이 압수수색 등의 예외가 될 수 있기 때문입니다. 그러나 이 문제에 대해 우리 법원은 소극적인 입장입니다.

대법원은 변호인이 작성한 '변호인 의견서'가 증거로 제출된 사안에서 결과적으로 변호인의 증언거부로 증거능력이 부인된다고 판단하면서도 변호인-의뢰인 특권에 기초하여 증거능력이 부인되어야 한다는 주장은 받아들이지 않았습니다.[51] 해외에서도 내부조사 과정에서 만들어진 자료들에 대해서는 변호인-의뢰인 특권 인정에 소극적입니다. 그 이유는 내부조사는 '법적 자문 내지 도움을 받기 위한 목적'이 아니라 주로 회사의 비즈니스 및 정책 수행의 차원에서 수행되는 것이라고 보기 때문입니다. 참고로 미국에서 변호인-의뢰인 특권이 인정되기 위해서는 '의뢰인이 변호인으로부터 법적 자문 내지 도움을 받고자 하는 목적에서 변호인과 의뢰인 사이에 비밀리에 이루어진 의사교환'일 것이라는 요건을 충족해야 합니다.

한편 대법원이 변호인-의뢰인 특권을 정면으로 인정하지 않은 것은 피의자의 방어권 보장이라는 측면에서 문제가 있다는 점을

---

51) 대법원 2012. 5. 17. 선고 2009도6788 전원합의체 판결.

지적하지 않을 수 없습니다. 특히 최근 수사기관이 피의자와 변호인 간에 주고받은 이메일이나 변호사가 작성한 메모, 의견서 등을 압수수색의 주된 대상으로 삼는 경우가 많고 변호사 사무실에 대한 압수수색을 당연한 것으로 생각하는 경향이 점점 강해지고 있다는 점을 고려할 때 이는 상당히 심각한 문제입니다. 실제 국내 굴지의 대형 로펌들이 검찰에 압수수색을 당했다는 기사가 심심치 않게 보도되고 있습니다.[52]

로펌이라고 해서 압수수색의 성역일 수는 없습니다만 압수수색이 폭증하고 범죄사실과 무관한 정보가 압수되는 등 부작용이 늘어나고 있는 점을 고려할 때 대법원의 위와 같은 소극적인 해석은 기본권 중 하나인 변호인의 조력을 받을 권리를 지나치게 제한하는 것 아닌가 하는 아쉬움을 지울 수 없습니다.

---

52) https://www.sedaily.com/NewsView/1VFH6CN0XY

05

관련자들에 대한 조치

내부조사가 마무리되면 확인된 사실관계에 따른 후속 조치가 있기 마련입니다. 그중 가장 중요한 것이 부정행위자에 대한 인사 내지 법적 조치입니다. 이는 내부조사 업무가 법률전문가에 의해 수행되어야 중요한 이유 중 하나이기도 합니다. 부정행위자에 대한 징계는 향후 분쟁 가능성을 대비하여 신중히 판단해야 합니다.

따라서 철저한 내부조사를 통해 정확한 사실관계를 파악하고 이에 기초하여 합리적인 징계양정을 이끌어 내는 것이 매우 중요합니다. 실무적으로는 내부조사 결과 해고 사유에 해당하는 명백한 부정행위가 발견된 임직원의 경우 더 문제가 확대되는 것을 막기 위해 스스로 퇴사하는 경우가 많습니다. 기업 입장에서는 이러한 결과가 가장 최선이며 결국 이를 위해서는 명확한 사실관계 확인이 핵심이라고 할 것입니다. 분쟁이 길어지고 진흙탕 싸움이 되는 것은 결국 사실관계가 애매하기 때문입니다.

한편 징계처분은 내부조사를 통해 부정행위가 명확해진 단계에서 이루어져야 하며 부정행위에 관여한 당사자뿐만 아니라 그

관리·감독 책임자도 대상이 될 수 있습니다. 물론 관리·감독 책임자에 대한 징계처분은 부정행위의 발견 및 방지가 현실적으로 가능했어야 하며 업무상 그러한 의무가 인정되는 경우여야 할 것입니다.

또한 부정행위가 확인된 경우 이에 대한 민·형사 등 법적 조치를 취할 수 있습니다. 사안에 따라서는 불법행위에 의한 손해배상을 청구하거나, 횡령, 배임 등 혐의로 형사 조치를 취할 수 있을 것입니다. 그러나 경우에 따라서는 합의를 이유로 법적 조치 없이 종결되는 경우도 많습니다. 이와 관련하여 오히려 부정행위자로부터 협박을 받아 제대로 된 조치를 취하지 못하고 흐지부지 처리되는 안타까운 상황이 발생하기도 합니다.

온갖 부정행위가 확인된 당사자가 오히려 회사 오너 및 경영진의 비리를 폭로하겠다며 내부고발자로 변신하고 회사는 자신의 치부가 드러날 것이 두려워 제대로 조치를 취하지 못하고 냉가슴만 앓는 경우를 보곤 합니다. 게다가 이러한 협박에 굴복하여 그냥 넘어갔다고 해서 문제가 해결된 것도 아닙니다. 한번 약점이 잡힌 기업은 언제든 이러한 위협에 노출될 수 있기 때문입니다. 이러한 경우를 보더라도 부패방지와 준법경영을 위한 기업의 노력은 반드시 필요하다고 하겠습니다.

[내부고발자에 대한 징계는 가능한가?]

　내부고발이 징계사유가 될 수 있는지에 대한 대법원의 기본 입장은 "내부고발의 내용과 그 진위, 그 행위에 이르게 된 경위와 목적, 공표방법 등을 종합적으로 고려해 판단해야 한다."라는 것입니다.[53] 판결문 중 관련 부분은 다음과 같습니다.

> "근로자는 사용자의 이익을 배려해야 할 근로계약상의
> 성실의무를 지고 있으므로 근로자가 직장의 내부 사실을
> 외부에 공표하여 사용자의 비밀, 명예, 신용 등을 훼손하는
> 것은 징계 사유가 되고, 구체적인 경우에 있어서 그 해당
> 여부는 공표된 내용과 그 진위, 그 행위에 이르게 된
> 경위와 목적, 공표방법 등에 비추어 판단할 것인데, 고도의
> 공공성을 갖는 공법인의 경우에는 그 업무 수행에 있어서
> 무엇보다도 우선적으로 관련 법령 및 제 규정을 준수할
> 것이 요구되고, 공법인의 업무 수행상의 위법행위는 널리
> 공법인의 내·외부로부터 감시, 견제되어야 할 필요가
> 있으므로, 공법인의 직원에 의한 공법인 업무에 관련한
> 사실의 공표 행위는 일반 사기업의 경우와 동일하게
> 평가하여서는 아니 되지만, 공법인의 업무 수행상의
> 적법성이 강조되는 것은 공법인의 목적 사업 자체의 공익성

---

53)　대법원 1993. 3. 3. 선고 97누2528, 2535.

때문인 것이고, 공법인은 사업의 원활한 수행을 위하여 스스로 규율과 질서를 유지하여야 할 필요가 있으므로 그 내용이 공법인 업무의 공익성에는 영향을 미치지 아니하는 경미한 사항으로서 주로 사익적인 목적이나 동기에서 행하여진 공표 행위까지 허용된다고 볼 것은 아니다."

이러한 기준에 따라 대법원은 근로자가 뚜렷한 자료도 없이 사용자를 수사기관에 고소·고발하거나 공개석상에서 진실과 다른 내용이나 과장된 내용을 가지고 회사를 비방한 행위 등에 대해서는 징계가 가능하다고 판단한 사례도 있습니다. 따라서 결국 내부고발이 징계 대상이 되는지는 내부고발의 진실성과 정당성이라는 두 가지 판단 기준에 따라 결정된다고 하겠습니다.

먼저 내부고발의 진실성은 그 고발의 내용이 진실해야 한다는 것입니다. 그러나 객관적인 사실과 다소 다르다 하더라도 고발자 스스로 진실하다고 믿을 만한 상당한 이유가 있을 경우에는 이를 이유로 징계하는 것은 문제가 될 수 있습니다.[54] 설령 신고 내용이 사실이 아니라고 하더라도 신고자가 신고 내용이 거짓임을 알지 못하였고 알 수 없었던 경우에는 공익신고에 해당하므로 공인 신고자에 대한 보호 조치는 정당하다고 판시한 행정법원 사례는[55] 좋은 참고가 된다고 하겠습니다. 다음은 위 판결 이유 중 일부입니다.

---

54) 「공익신고자보호법」 제14조 제3항.
55) 서울행정법원 2015. 5. 14. 선고 2013구합13723.

(전략) 신고자가 신고 내용이 거짓임을 알았거나 알 수 있었던 경우에는 공익신고에 해당하지 않게 되는데 그 반대해석상, 즉 신고 내용이 사실이 아니어서 결과적으로 법 또는 구 시행령에 규정된 법률의 벌칙 또는 행정처분의 대상이 되지 않는다고 하더라도, 신고 당시를 기준으로 그 신고 내용 자체가 위와 같은 벌칙 또는 행정처분의 대상으로 평가받을 수 있는 행위이고 신고자가 그 신고 내용이 사실이 아님을 알지 못하였고 알 수 없었던 경우에는 공익신고에 해당한다고 볼 수 있다.

다음으로 내부고발의 정당성과 관련하여 살펴보겠습니다. 내부고발은 공익성과 함께 부정행위의 시정을 목적으로 해야 하는 것이 원칙입니다. 다만 일부 사익을 위한 목적도 있었다고 해서 징계 사유로 삼는 것은 적절치 않다고 하겠습니다. 또한, 절차에 문제가 있었다는 이유로 징계하는 것도 신중해야 합니다. 사내에 내부고발 절차가 마련되어 있다고 해도 고발자 입장에서는 이러한 절차가 제대로 작동할지 의심스러울 수도 있기 때문입니다. 또한 실무에서는 종종 내부고발을 위해 사내 자료를 함부로 반출하였다는 이유로 징계를 거론하는 경우가 있습니다. 이 경우 내부고발의 공익적 목적과 자료 반출로 인한 기업의 피해 등을 신중히 비교해 볼 필요가 있겠습니다만 특별한 사정이 없는 한 징계의 유효성을 인정받기 어려운 경우가 많을 것입니다.

마지막으로 내부고발이 「공익신고자보호법」상 공인신고에 해당하는 경우에는 고발자에 대해 불이익한 처분을 할 수 없으므로 (동법 제15조, 제2조), 「공익신고자보호법」 적용 여부도 신중히 검토해야 할 것입니다. 참고로 「공익신고자보호법」 제2조 제6호에 규정된 불이익한 처분의 유형은 다음과 같습니다.

- 파면, 해임, 해고, 그 밖에 신분상실에 해당하는 신분상의 불이익조치

- 징계, 정직, 감봉, 강등, 승진 제한, 그 밖에 부당한 인사조치

- 전보, 전근, 직무 미부여, 직무 재배치, 그 밖에 본인의 의사에 반하는 인사조치

- 성과평가 또는 동료평가 등에서의 차별과 그에 따른 임금 또는 상여금 등의 차별 지급

- 교육 또는 훈련 등 자기계발 기회의 취소, 예산 또는 인력 등 가용자원의 제한 또는 제거, 보안정보 또는 비밀정보 사용의 정지 또는 취급 자격의 취소, 그 밖에 근무조건 등에 부정적 영향을 미치는 차별 또는 조치

- 주의 대상자 명단 작성 또는 그 명단의 공개, 집단 따돌림, 폭행 또는 폭언, 그 밖에 정신적·신체적 손상을 가져오는 행위

- 직무에 대한 부당한 감사(監査) 또는 조사나 그 결과의 공개

- 인허가 등의 취소, 그 밖에 행정적 불이익을 주는 행위

- 물품계약 또는 용역계약의 해지(解止), 그 밖에 경제적 불이익을 주는 조치

06

재발방지대책의 수립 및 시행

　내부조사의 최종 목표는 결국 사실관계 및 원인 규명을 통한 재발방지 대책 수립과 내부통제 시스템의 개선이라고 할 수 있습니다.

　실제 조사업무를 수행해 보면 대부분의 기업은 조사와 당사자의 해고 등 일회성 조치보다는 부정행위의 구조적 원인을 제거하고 내부통제 기능을 강화하는데 더 큰 관심을 보이는 경우가 많습니다.

　내부조사의 진정한 의미는 여기에 있다 할 것입니다. 재발방지 대책이 마련되지 않아 비위행위가 반복된다면 내부조사는 헛수고나 다름없기 때문입니다. 따라서 내부조사를 통해 확인된 문제가 재발하지 않도록 그 재발방지 대책을 수립하고, 이를 지속적으로 교육하는 한편 정기적으로 그 이행 여부를 확인하는 등 실질적인 노력이 병행되어야 할 것입니다.

　또한 기업은 내부조사를 경영의 준법성과 투명성을 제고하는 소중한 기회로 생각하고 이를 계기로 적극적인 준법 감시와 내부통제가 가능하도록 할 필요가 있습니다. 이러한 점에서 내부조사는 그 자체로 끝나는 것이 아니라 종합적인 재발방지 대책 수립과 시행으로 이어져 결국 준법경영이라는 목적 달성에 이바지할 수 있어야 할 것입니다.

　내부조사는 기업 등 다양한 조직이 실시하는 자체 조사로, 그 목적은 사실관계를 밝히고 이를 통해 적절한 사후 조치를 취하는 것입니다. 특히 기업은 사내조사를 통해 흐트러진 기업 질서를 회복하고 주주 등 이해관계인과 여론의 신뢰와 사회적 신용을 회복하고 사회적 책임을 다할 수 있게 됩니다.

　그러나 국내에서는 아직까지 내부조사가 별로 주목받지 못해 온 것이 사실입니다. 이는 국내에서 내부조사를 위한 교육기관이나 연구가 전무하다시피하고 이를 전문적으로 서비스하는 민간기관 역시 찾아보기 힘들다는 점이 반증하는 것이라고 하겠습니다.

　아마도 이러한 현상의 원인은 그간 우리 기업문화가 부정행위를 공정하게 조사하고 법과 원칙대로 조치하는 것에 익숙하지 않았을 뿐만 아니라 준법경영의 중요성에 대한 인식 역시 그리 높지 않았기 때문이 아니었나 생각됩니다.

　그러나 사회 전반적으로 준법경영의 중요성이 강조되고 있는

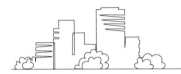

추세를 고려할 때, 이제는 내부조사가 기업 스스로 문제의 원인을 규명하고 이를 통해 준법경영을 강화할 수 있는 핵심 수단으로 부각되어야 할 시점이 되었다고 생각합니다.

놀랍게도 디지털 세상에서는 60초 동안 1,800만 건의 문자 메시지, 1억 8천7백만 통의 이메일이 전송되고 3백70만 건의 구글 검색이 이루어진다고 합니다. 모든 사람이 휴대폰으로 자신의 생각을 순식간에 전파시킬 수 있습니다. 이제는 모두가 기자이고 내부고발자입니다.

이러한 현상은 기업 역시 더는 내부의 비리나 부정행위를 쉬쉬하고 감출 수 없다는 인식을 확산시켰고 이는 결국 기업 스스로의 자정 노력과 이를 위한 내부조사 역량 강화의 요구로 이어질 것으로 예상됩니다.

이를 위해 기업은 내부조사를 위한 절차와 규정을 마련하고, 평소 내부조사를 위한 교육 및 훈련 기회를 제공하는 한편, 문제가 발생했을 경우 객관적이고 공정한 조사를 실시하여 그에 따라 조치하는 등 내부조사의 준법 감시 기능을 제고할 필요가 있습니다.

또한, 국가는 기업들의 이러한 노력을 촉진시킬 수 있는 정책 수단을 강구할 필요가 있습니다. 이와 관련하여 내부조사 절차가 제대로 확립되어 있고 적극적인 조사를 통해 수사에 협조할 경우 기소를 면제해 주는 등 적극적인 혜택을 제공하고 있는 외국 사례는 시사하는 바가 크다고 할 것입니다.

끝으로 부디 이 책이 국내에서 내부조사에 대한 관심과 연구가 활발해지는 계기가 되길 기대합니다. 또한 부족하나마 이 책이 실제 내부조사업무를 담당하고 계신 분들에게 조금이나마 도움이 되었으면 좋겠습니다. 감사합니다.